MAGASIN THÉATRAL.

CHOIX DE PIÈCES NOUVELLES,

JOUÉES SUR TOUS LES THÉATRES DE PARIS.

THÉATRE DE L'AMBIGU-COMIQUE.
LES BRIGANDS DE LA LOIRE,

Drame en cinq actes.

50 CENT.

PARIS.
MARCHANT, ÉDITEUR,
Boulevart Saint-Martin, 12.

BRUXELLES.
TARRIDE, LIBRAIRE, PASSAGE DE LA COMÉDIE.

PREMIER VOLUME.

L'Homme du siècle, dr.-h. 4 a.	40
La Visite domiciliaire, dr. 1 a.	30
Le Royaume des Femmes, f. 1 a.	30
Le Sauveur, com. 3 a.	40
Les Faussaires anglais, m. 3 a.	30
Le Magasin pittoresque, r.	30
Le Serf et le Boyard, mél. 3 a.	30
Le Château d'Urtuby, o.-c. 1 a.	30
L'Amitié d'une jeune fille, m.	40
Je serai Comédien, c. 1 a.	30
Le Fils de Ninon, dr. 3 a.	40
Le Prix de vertu, c.-v. 5 tabl.	30
Le Curé Mérino, dr. 5 a.	50
Le Mari d'une Muse, c.-v. 1 a.	30
Flore et Zéphire, f.-v. 1 a.	30
Le Domino rose, vaud. 2 a.	30
La Chambre de ma femme, c.	30
Les 4 Ages du Palais-Royal.	40
Juliette, dr. 3 a.	40
Une Dame de l'empire, c.-v. 1 a.	30
La Paysanne demoiselle, v. 4 a.	40
Un Soufflet, com.-vaud. 1 a.	30
Les Liaisons dangereuses, dr.	40
Le Doigt de Dieu, dr. 1 a.	30
La Fille du Cocher, vaud. 1 a.	30

DEUXIÈME VOLUME.

Théophile, c.-v. 1 a.	30
L'Oraison de St-Julien, c.-v.	30
La Vénitienne, dr. 5 a.	50
L'honneur dans le crime, dr.	50
Un bal de domestiques, v.	30
Les Charmettes, com.	30
Pécherel l'empailleur, v.	30
L'Aiguillette bleue, v.-hist.	30
Les Mal-Contents de 1579, dr.	50
Une Chanson, dr.-v.	30
Le Dernier de la famille, c.-v.	30
L'Apprenti, vaud. 1 a.	30
Le Triolet bleu, c.-v.	40
Salvoisy, com. 2 a.	40
Une Aventure sous Charles IX.	40
Lestocq, op.-c. 4 a.	50
Turiaf-le-Pendu, v. 1 a.	30
Artiste et Artisan, c.-v.	30
L'Aspirant de Marine, op.-c.	30
Un Ménage d'ouvriers, c.-v.	30
L'Interprète, c.-v. 1 a.	30
Un Enfant, dr. 4 a.	40
Le Capitaine Roland, c.-v.	30
La Tour de Babel, rev. ép.	30
La Nappe et le Torchon, c.-v.	40

TROISIÈME VOLUME.

Les Duels, com.-v. 2 a.	40
Vingt ans plus tard, v.	30
L'Angélus, op.-com. 1 a.	30
Un Secret de Famille, dr.	40
Les Dres Scènes de la Fronde.	30
La Robe déchirée, c.-v.	30
Le Commis et la Grisette, v.	30
Lionel ou mon avenir.	40
Heureuse comme une princesse	40
La Cinquantaine, com.-v.	30
Prêtez-moi 5 francs, mél.	40
Un Caprice de femme, op.-c.	30
L'Impératrice et la Juive, dr.	50
Le Capitaine de vaisseau, v.	40
Les Sept péchés capitaux, v.	30
Le Juif errant, dr. fant.	50
2 femmes contre 1 homme.	30
Le Septuagénaire, dr. 4 a.	40
Gribouille, extravagance.	40
La Frontière de Savoie, v.	30
Les Deux Borgnes, fol.-v.	30
La Toque bleue, v. 1 a.	30
Charles III ou l'Inquisition.	40
Deux de moins, c.-v.	30
Jacquemin, roi de France, c.-v.	40

QUATRIÈME VOLUME.

Les Immoralités, com. 1 a.	30
La Lectrice, vaud. 2 a.	40
Le Comte de St-Germain.	40
L'École des ivrognes.	30
Les Bons Maris, com.-v.	40
La Famille Moronval, dr. 5 a. par M. Lafont.	50
Morin, dr. 5 a.	50
La Tempête, fol.-v. 1 a.	30
Mon ami Grandet, vaud.	40
Le Juif errant, v. 5 a.	40
La Filature, v. 3 a.	40
Le Marchand forain, op.-c.	40
L'Idiote, com.-v.	30
Les Tours Notre-Dame, v.	30
Le Mari de la Favorite, c.	50
Lord Byron à Venise, com.	40
La Vie de Napoléon, sc. épis.	30
La Vieille Fille, com.-v.	30
Latude, mél. hist. 5 a.	50
Georgette, vaud.	30
Le For l'Évêque, vaud.	40
Le Ramoneur, vaud.	30
La Sentinelle perdue.	30
Au rideau! vaud.	30

CINQUIÈME VOLUME.

Un de plus, com.-v. 3 a.	40
L'Ambitieux, com. 5 a.	50
Le Procès du mar. Ney, 4 a.	50
Une Passion, v. 1 a.	30
Estelle, com.-v. 1 a.	30
Antony, d. 4 a. par A. Dumas.	50
Mari de la Veuve, c. 1 a. par Alexandre Dumas.	30
Atar-Gull, mél. 4 a.	40
Gilette de Narbonne, v. 3 a.	40
Les Enfans d'Édouard, trag.	40
Mme d'Egmont, com. 3 a.	40
Catherine Howart, dr.	50
La Prima Dona, v. 1 a.	40
Être aimé ou mourir, c.-v.	30
Une Mère, dr. 2 a.	40
Charles VII, par Al. Dumas.	50
Mademoiselle Marguerite.	30
Étienne et Robert, v.	30
Bouffon du Prince, 2 a.	40
La Consigne, com.-v. 1 a.	30

SIXIÈME VOLUME.

Marino Faliero, tr. 5 a. par C. Delavigne.	50
Napoléon, par Alex. Dumas.	50
Charlotte, dr. 3 a.	40
Les Enragés, tab. villageois.	30
Angèle, d. 5 a. par Al. Dumas.	50
L'homme du monde, dr. 5 a.	50
Les Roués, v. 3 a.	40
Théresa, d. 5 a. par A. Dumas.	50
Le Conseil de révision, v. 4 a.	30
La Chambre Ardente, d. 5 a. par MM. Mélesville et Bayard.	50
Cotillon III, c.-v. 1 a.	30
Le Moine, dr. 4 a.	40
Reine, Cardinal et Page, v.	30
Les jours gras sous Charles IX, vaud. 3 a.	40
Père et Parrain, v. 2 a.	40
Jeanne Vaubernier, c. 3 a.	40
Les Deux divorces, c.-v. 1 a.	30
Indiana, dr. 4 parties.	50

SEPTIÈME VOLUME.

Frétillon, vaud. 5 a.	50
La Femme qu'on aime plus:	30
1834 et 1835, rev. épis.	30
Le tapissier, com. 3 a.	40
La Fille de l'Avare, v. 2 a.	40
L'Autorité dans l'embarras.	30
Dolly, dr. 3 a.	40
Les Chauffeurs, mél. 3 a.	40
Les Deux Nourrices, v. 1 a.	30
Les Pages de Bassompierre.	30
Au Clair de la lune, v. 3 a.	40
Farinelli, com.-hist. 3 a.	40
La Nonne sanglante, dr. 5 a.	50
Marmitons et Gds Seigneurs.	30
La Marquise, op.-com. 1 a.	30
Fich-Tong-Kang, v. 1 a.	30
Les Gants jaunes, v. 1 a.	30
Mon ami Pelyte, v. 1 a.	30
Le Cheval de bronze, o.-c. 3 a.	40
Les Beignets à la Cour, c. 1 a.	30
Le Père Goriot, v. 2 a.	40

HUITIÈME VOLUME.

Fleurette, dr. 3 a.	40
Anacharsis, v. 1 a.	30
La Traite des Noirs, dr.	50
Manette, com.-v. 1 a.	40
Karl, dr. 4 a.	40
La Croix d'or, c.-v. 2 a.	40
Un Père, mél. 3 a.	40
Le Vendu, tabl. pop. 1 a.	30
Jeanne de Flandre, mél.	40
L'If de Croissey, c.-v.	40
Une Chaumière et son Cœur, par M. Scribe.	40
Cornaro, parodie d'Angelo.	40
Une Camarade de Pension, 3 a.	40
Cromwell, dr. 5 a.	50
Marais-Pontins, v. 2 a.	30
Mathilde, com. 3 a.	40
Ombre du Mari, v. 2 a.	30
Amours de Faublas, bal. 3 a.	30
Porte-Faix, op.-c. 3 a.	40
On ne passe pas, v. 1 a.	30

NEUVIÈME VOLUME.

Ma Femme et mon Parapluie.	30
Micheline, op.-c. 1 a.	30
Le Violon de l'Opéra, 1 a.	30
La Prova d'un opéra seria, 1 a.	30
Alda, op.-c. 1 a.	30
Jacques II, dr. 4 a.	40
Mon Bonnet de nuit, v.	30
Fille mal élevée, c.-v. 2 a.	40
La Berline de l'Émigré, d. 5 a.	50
Un de ses Frères, v.	30
Les deux Reines, op.-c.	30
La Mère et la Fiancée.	40
Le Curé de Champaubert, v. en 2 actes.	40
L'Habit ne fait pas le moine.	40
Marguerite de Quélus, d. 3 a.	40
Les Mineurs, mél. 3 a.	40
L'Agnès de Belleville, 3 a.	40
Plus de jeudi, v. 2 a.	30
Les Créoles, com.-vaudev. en 2 actes.	40
Pauvre Jacques, c.-v. 1 a.	30

DIXIÈME VOLUME.

Un Roi en vacances, v. 3 a.	40
Madelon Friquet, v. 2 a.	40
L'Aumônier du régiment, 1 a.	30
L'Octogénaire, c.-v. 1 a.	30
Chérubin, c.-v. 2 a.	30
Cosimo, opéra-bouffon, 2 a.	40
Testament de Piron, v. 1 a.	30
La Périchole, v. 1 a.	30
Un Mariage sous l'empire, v. 2 a.	40
La Pensionnaire mariée, c.-v. par MM. Scribe et Varner.	40
Le Jugement de Salomon, 1 a.	30
Le Mariage raisonnable, c. 1 a. par Mme Ancelot.	30
La Tirelire, com.-v. 1 a.	30
Les Bédouins en voyage.	30
La Femme qui se venge, v.	30
La Tache de sang, dr. 3 a.	40
Toniotto, dr. 3 a.	40
La Savonette impériale, v.	40
André, vaud. 2 a.	50
En attendant, c.-v. 2 a.	40

ONZIÈME COUPLES.

La Femme du peuple, tabl.	30
Zazezizozu, féerie en 1 a.	40
La Fille de Cromwell, v.	30
Jean-Jean, parod. en 5 pièc.	50
La Sonnette de nuit, c.-v. 1 a.	30
Une loi anglaise, c.-v. 2 a.	40
Le Mémoire d'un père, 1 a.	30
La Fiole de Cagliostro, v.	30
Paris dans la Comète, revue.	30
Infidélités de Lisette, v. 3 a.	40
Aurélie, drame en 4 a.	40
Valentine, dr.-vaud. 2 a.	40
Coquelicot, vaud. 3 a.	40
Plus de loterie, vaud. 1 a.	30
Pensionnat de Montereau.	30
Elle n'est plus, vaud. 1 a.	30
Actéon, op.-com. 1 acte, par M. Scribe.	30
La Folle, dr. 3 a.	40
Le Gamin de Paris, c.-v. 2 a.	40
Le Transfuge, dr. 3 a.	40
Sous la Ligne, vaud. 1 a.	30

DOUZIÈME VOLUME.

Madeleine, com.-v. 2 a.	40
M. et Madame Galochard.	30
Les Chansons de Désaugiers.	50
La Fille de la Favorite, 3 a.	40
L'Art de ne pas payer son terme.	30
Coliche, com.-vaud. 1 a.	30
Clémentine, com.-vaud. 1 a.	30
Gil-Blas, vaud. 3 a.	40
Jérusalem délivrée.	50
Le Prévôt de Paris, mél. 3 a.	40
Renaudin de Caen, c.-v. 2 a.	40
Chut! com.-vaud. 2 a. par M. Scribe.	40
Héloïse et Abeilard, dr. 5 a.	40
La Laide, dr. 3 a.	40
L'Enfant du Faubourg, v. 3 a.	40
L'Ingénieur, dr. 3 a.	40
Changée en nourrice, v. 2 a. par MM. Dumanoir et Anicet	40
Les Chaperons blancs, op.-c. 3 a. par M. Scribe.	40

TREIZIÈME VOLUME.

La Marq. de Pretintaille, v. 1 a.	30
Sarah, op.-c. 2 a.	30
Sur le Pavé, v. 1 a.	30
Don Juan de Marana, myst.	50
Une St-Barthélemy, v. 1 a.	30
La Liste des notables, v. 2 a.	40
La Reine d'un jour, v. 2 a.	40
Le Démon de la Nuit, v. 2 a.	40
Un procès criminel, c. 3 a.	40
Le Portrait du Diable, v. 1 a.	30
Mariana, com.-v. 3 a.	40
Le comte de Horn, dr. 3 a.	40
Un bal du grand monde, v. 1 a.	30
L'Oiseau bleu, v. 3 a.	40
Le Barbier du roi d'Aragon, 3.	40
Balthazar, v. 1 a.	30

QUATORZIÈME VOLUME.

Georgine, com.-v. 1 a.	30
Mistress Siddons, c.-v. 2 a.	40
Tout ou Rien, dr. 3 a.	40
Lesctocq, v. 1 a.	30
Madame Péterhoff, v. 1 a.	30
D'Aubigné, v. 2 a.	40
Christiern, mél. 3 a.	40
Kean, dr. 5 a. par A. Dumas.	50
Le Diadesté, op.-c. 2 a.	40
Arriver à propos, v. 1 a.	30
Le Frère de Piron, v. 1 a.	30
Le Roi malgré lui, v. 2 a.	40
Le Puits de Champvert, d. 3 a.	30
Le Diable amoureux, v. 1 a.	30
Le Passé, v. 1 a.	30
Nabuchodonosor, dr. 4 a.	

QUINZIÈME VOLUME.

Théodore, vaud. 1 a.	30
L'Épée de mon Père, v. 1 a.	30
La Femme de l'Épicier, v. 1 a.	30
Dolorès, mélodrame 3 actes.	40
Un Cœur de mère, c.-v. 2 a.	40
Jaffier, dr. 5 a.	50
Les Pontons de Cadix, 1 a.	30
Les deux Coupables, v. 1 a.	30
Marion Carmélite, v. 1 a.	30
Le Muet d'Ingouville, c.-v. 2 a.	40
El Gitano, mél. 5 a.	50
Léon, drame en cinq actes, par Rougemont.	50
Fils d'un agent de change, 1 a. par MM. Scribe et Dupin.	30
Le comte de Charolais c. 3 a.	40

SEIZIÈME VOLUME.

L'Année sur la Sellette, r. 1 a.	30
Le Secret de mon Oncle, v. 1 a.	30
La Nouvelle Héloïse, dr. 3 a.	40
Gaspardo, dr. 5 a. et un prologue, par M. Bouchardy.	50
Le Postillon de Lonjumeau, opéra-com. 3 a.	40
La Chevalière d'Éon, v. 3 a.	40
Austerlitz, évén. hist. 3 a.	40
Le Muet de St-Malo, v. 1 a.	30
Stradella, com. 1 a.	30
La Laitière et les 2 Chasseurs.	30
Riche et Pauvre, dr. 5 a.	50
La Champmeslé, c.-anec. 2 a.	40
Huit ans de plus, mél. 3 a.	40
Père et Fils, vaud. 1 a.	30

ACTE II, SCENE XVIII.

LES BRIGANDS DE LA LOIRE,

DRAME EN CINQ ACTES,

par MM. Maillan et Dutertre,

REPRÉSENTÉ, POUR LA PREMIÈRE FOIS, SUR LE THÉATRE DE L'AMBIGU-COMIQUE, LE 29 AVRIL 1842.

PERSONNAGES.	ACTEURS.	PERSONNAGES.	ACTEURS.
ALFRED DESMARES, capitaine d'artillerie de la Garde Impériale	M. STAINVILLE.	UN VIEUX MONSIEUR	
ROBERT, brigadier, même batterie	M. MAUZIN.	UN BUVEUR	
FIRMIN, chirurgien-major, id.	M. CULLIER.	UN DOMESTIQUE	
Le baron FERRAL	M. DAVID.	La marquise DE CHEVILLY	Mme DUPONT.
LORIQUET	M. BOUTIN.	MARIE, sa fille	Mlle V. MARTIN.
MARTIAL, enfant de troupe	M. COQUET.	GERTRUDE, vivandière	Mme ADALBERT.
BLANCHET, garde champêtre	M. ALEXANDRE.	Amis d'Alfred, Soldats de toutes armes, Domestiques,	
UN COMMISSAIRE DE POLICE	M. ROCHEUX.	Servantes d'auberge, Invités.	

La scène se passe en 1814. 1er acte, aux bords de la Loire ; 2me acte, à Paris, à la Montansier ; 3me acte, à Paris, chez Firmin ; 4me acte, à la campagne, chez le Baron ; 5me acte aux bords de la Loire.

ACTE PREMIER.

Les bords de la Loire La grande route au fond, bordant le rivage ; à l'embranchement de la route, une pièce de canon ; plusieurs tentes et baraques en bois indiquent l'entrée d'un cantonnement. De ce côté un factionnaire, un autre près du canon. A droite, une auberge avec cette enseigne : *Hôtel de la Poste*. A côté de la porte de l'auberge et dominé par un petit toit en tuiles, est un escalier conduisant au premier étage ; là, une terrasse ; elle mène à l'un des appartements de l'hôtel. Plus loin, les bâtiments et les écuries de service. Devant l'auberge, une table et quelques chaises rustiques. Au milieu du théâtre, un gros arbre ; sous l'arbre, un banc de pierre. Il fait nuit. Au lever du rideau, tout est endormi. Les Factionnaires enveloppés dans leurs manteaux se promènent vivement de long en large. Tout à coup la scène se colore d'une lueur rougeâtre, et le tocsin retentit au loin dans différentes directions. Cris des Factionnaires *aux armes!* ce cri est répété de toutes parts dans la coulisse. Les gens de l'hôtel s'élancent aux fenêtres ; les Soldats se précipitent sur le théâtre en répétant le cri : *Aux armes! aux armes!* Gertrude, la vivandière, est au milieu d'eux.

SCÈNE PREMIÈRE.

GERTRUDE, SOLDATS ; *puis* ALFRED.

TOUS.

Le feu ! le feu !

GERTRUDE.

Oui, là-bas, de l'autre côté de la Loire, le château de madame la marquise de Chevilly incendié, pillé, sans doute par ces misérables qui dévastent les environs. Jour de Dieu ! je ne suis qu'une femme, mais qu'il ne m'en tombe pas un sous la main !...

Courons.

TOUS.

Ils sortent en tumulte.

ALFRED, *entrant pâle et défait.*

Le château de la marquise!... et ma tante! et Marie!... Oh! je ne serai pas le dernier à voler à leur secours... Le château est là, en face... rien que le fleuve à traverser... dussé-je y trouver la mort...

Il s'élance vers la Loire et s'y jette; tout le monde s'est dispersé, les Factionnaires seuls restent en scène. Peu à peu le son du tocsin s'affaiblit, la lueur de l'incendie s'éteint par degré, et tout rentre dans l'obscurité.

SCÈNE II.

LES FACTIONNAIRES *au fond*, LE BARON FERRAL, *puis* LORIQUET.

Au premier cri d'alarme, le Baron s'était placé debout sur le banc de pierre, les bras croisés, la face tournée vers la Loire; il est resté morne et impassible au milieu du tumulte. Il descend du banc et fait quelques pas en scène.

LE BARON.

Allons! c'est jouer de malheur... J'arrive ce soir à l'hôtel de la Poste; je dois demain me présenter à la marquise, afin de régler tout ce qui peut être relatif à mon mariage avec sa fille, et voici que cette nuit le feu dévore la dot de ma femme!... Bah! le château ne vaut pas plus de cent mille francs, et je suis riche, puissamment riche! Ce n'est pas la fortune que je cherche dans cette union, c'est le repos de ma vie... c'est plus encore, c'est le bonheur. Incroyable faiblesse!... Mes cheveux grisonnent, mon front se ride, et mon cœur, fermé jusqu'ici aux douces émotions, mon cœur que je croyais glacé s'ouvre et se réchauffe à des sentiments nouveaux. Où je ne voyais qu'un calcul, je trouve un amour!... Oui, j'aime Marie! je l'aime malgré ses dédains!... C'est comme un défi jeté par elle! Eh bien, ce défi, je l'accepte, car je me sens capable de le disputer à tous.

UN FACTIONNAIRE, *placé au fond, croisant la baïonnette.*

Qui vive?

UNE VOIX, *dans la coulisse.*

Ami.

LE FACTIONNAIRE.

Avance à l'ordre. (*Un homme couvert d'une blouse entre par le fond.*) Qui es-tu? Où vas-tu?

L'HOMME, *avec hésitation.*

Qui je suis? où je vas?... dam!...

LE BARON.

Cette voix!... c'est lui, c'est Loriquet!...

LORIQUET, *apercevant le Baron.*

Tiens, tiens, qu'est-ce que j'aperçois là? C'est pardieu bien mon particulier.

LE FACTIONNAIRE, *le saisissant au collet et le secouant vivement.*

Répondras-tu à la fin! Qui es-tu?

LORIQUET.

Je suis... je suis un des gens de monsieur le baron Ferral. N'est-ce pas, monsieur le baron?

LE BARON, *à part.*

Misérable!

LORIQUET, *à mi-voix.*

Cautionnez-moi, ou sinon...

LE BARON, *avec effort, s'adressant au Factionnaire.*

Cet homme est de mes gens... j'en réponds.

LE FACTIONNAIRE, *reprenant sa promenade.*

Ah! c'est différent!...

Le Baron et Loriquet redescendent vivement la scène.

LORIQUET, *au Baron.*

Bonjour, mon vieux.

LE BARON.

Ce bon Loriquet!

LORIQUET.

Pas de bêtises... une explication avant tout.

LE BARON.

Une explication?

LORIQUET.

Primo, parce qu'on est baron, qu'on a du *quibus*, et qu'on travaille présentement dans la vertu, faut pas mécaniser le pauvre monde... *deuxio*, les amis sont des amis, et parce qu'ils ont eu des désagréments avec la justice, faut pas dire: Bon! bien, mon mignon, te v'là à l'ombre, je vas les aider à éteindre ton soleil!...

LE BARON.

Que veux-tu dire?

LORIQUET.

Qu'on m'a mis dedans... que je vous ai écrit *ad hoc*, et que vous ne vous êtes pas plus occupé de moi que du grand Turc.

LE BARON.

Je te savais innocent.

LORIQUET.

Bien obligé.

LE BARON.

Que n'es-tu venu me trouver depuis, mon brave camarade?

LORIQUET, *avec fierté.*

Fi donc! est-ce que je demande rien aux gens, moi! chacun fait ses affaires comme il l'entend, et cette nuit, sans ces maudits troupiers de la garde...

LE BARON.

Comment! c'était toi?..

LORIQUET.

Moi et les amis.. vous savez bien... les anciens. La circonstance est bonne... tout est sens dessus dessous dans le pays depuis quelque temps. Les soldats de la Loire, c'est des braves, je dis pas... mais des braves qui crèvent de faim. Or, la faim et l'honneur, ça ne marche pas longtemps ensemble... c'est ce que nous nous sommes dit tout de suite. A nous donc les bons morceaux, c'est eux qui payent la carte.

LE BARON.

Le château de Chevilly brûlé par toi!..

LORIQUET.

Ça ne peut que vous faire plaisir... vous ne les aimez pas tant, ces Chevilly!...

LE BARON.

Malheureux! je viens pour épouser la fille de la marquise.

LORIQUET.

Vous?

LE BARON.

Pourquoi pas?

LORIQUET.

Je suis un grand gueux, monsieur le baron... mais vous l'êtes encore plus que moi.

LE BARON, *avec indignation.*

Hein?

LORIQUET.

Et la nuit du 6 mai 1793!...

LE BARON.

Tais-toi.

LORIQUET.

Monsieur de Chevilly, l'époux de la marquise, assassiné...

LE BARON.

Tais-toi, te dis-je!

LORIQUET.

Tandis que monsieur Desmares son beau-frère...

LE BARON.

Paix!... Nul ne connaît le véritable assassin et ne le connaîtra jamais!...

LORIQUET.

Vous croyez?

LE BARON.

Cette même nuit, celle du 6 mai 1793, monsieur Desmares, alors simple officier, qui vivait depuis longtemps en fort mauvaise intelligence avec le marquis de Chevilly son beau-frère, fut aperçu se glissant mystérieusement dans le parc du château.

LORIQUET.

Il venait pour embrasser son beau-frère prêt à partir pour l'émigration... Leurs premières affections s'étaient ranimées au moment de se quitter pour toujours peut-être... ils voulaient se réconcilier et se pardonner mutuellement leurs torts... vous le savez comme moi.

LE BARON.

Qu'importe! le marquis fut trouvé mort; on aperçu Desmares dans le parc, il était déguisé; il s'était secrètement introduit au château: ce fait constaté par l'officier municipal et signé par deux témoins...

LORIQUET, *avec finesse.*

Morts depuis.

LE BARON.

J'ai là le procès-verbal, et si jamais quelque voix malveillante venait à s'élever pour demander compte du sang du marquis de Chevilly, je l'étoufferais facilement à l'aide de cet écrit signé et daté du 7 mai 1793.

LORIQUET.

Ah! parbleu! vous êtes un habile homme!... Qui sait pourtant... il y a peut-être quelqu'un...

LE BARON.

Quoi! tu connaîtrais....

LORIQUET.

Moi... rien.

LE BARON, *à part.*

Saurait-il quelque chose!

LORIQUET, *se rapprochant du Baron, et d'un air patelin.*

Il me vient une idée, monsieur le baron. Je vous aime tant, que je voudrais bien ne plus vous quitter.

LE BARON.

J'allais te le proposer.

LORIQUET.

Vous connaissez ma probité, mon dévouement.

LE BARON.

Et toi... mon affection...

LORIQUET.

Oh! nous sommes faits pour nous entendre... Auriez-vous quelque monnaie?

LE BARON.

Comment donc?

Il lui donne sa bourse.

LORIQUET, *la pesant.*

V'là qu'est parlé... Là-dessus, je vas un peu me requinquer, boire un coup au cabaret de l'Oie qui chante.

LE BARON.

Adieu, mon ami.

LORIQUET.

Mon véritable ami, mon bienfaiteur, je suis tout à vous.

LE BARON.

Ne te presse pas.

LORIQUET.

Puisque nous ne nous quittons plus... (*Fausse sortie.*) Et puis je veux vous faire honneur! Loriquet commence à être trop connu, je vas changer de nom; je prendrai celui d'un fameux philosophe de l'antiquité... D'aujourd'hui je m'appelle le vertueux Télémaque... (*Remontant la scène.*) Les canards l'ont bien passé, tire, lire, lire, etc.

Il sort en chantant.

LE BARON, *le regardant s'éloigner.*

Quel effronté coquin!... n'importe... C'est un instrument, ne brisons pas l'échelle avant d'être à son sommet. (*Bruit dans la coulisse.*) On vient... La marquise et sa fille!... Oh! comme cette pâleur l'embellit encore!

SCÈNE III.

LE BARON, LA MARQUISE, MARIE, GERTRUDE, SOLDATS.

TOUS, *entrant en tumulte.*

Sauvés!...

MARIE; *elle est pâle; mais sur ses traits se lisent l'énergie et la résolution. Son calme doit contraster avec l'agitation de la Marquise — A Gertrude et aux soldats qui les entourent.*

Merci, merci, mes amis!

GERTRUDE.

Laissez donc, mamzelle... notre place est partout où il y a du danger... pas vrai, camarades...

LE BARON, *s'approchant avec empressement.*

Qu'il me soit permis, mesdames...

MARIE, *à part, avec saisissement.*

Le baron!

LE BARON, *à quelques-uns de ceux qui l'entourent.*

Veillez à ce que rien ne manque à ces dames.

GERTRUDE.

J'y veillerai moi-même.

Elle entre dans l'auberge.

LA MARQUISE.

O l'horrible nuit!

LE BARON, *à Marie.*

Expliquez-moi, de grâce, comment surprise au milieu du sommeil par cet affreux incendie...

MARIE.

Dieu a permis que le fléau ne nous trouvât pas endormies. Hier seulement nous avons quitté la maison d'un de nos voisins, chez qui nous étions allées passer quelques jours, pour revenir à Chevilly, où ma mère avait donné rendez-vous. Nous arrivâmes au château pendant la nuit. Les domestiques qui nous avaient accompagnées ne tardèrent pas à se livrer au repos. J'allais embrasser et quitter ma mère, lorsque soudain ce cri d'alarme, au feu! au feu! se mêla à d'affreuses imprécations... Tout n'est que bruit et tumulte. Éperdue, ma mère s'élance vers une fenêtre, je la saisis dans mes bras... nous allions périr ensemble; mais ces braves gens volent à notre secours et nous arrachent à une mort qui paraissait inévitable.

LE BARON, *allant à elle.*

Ah! mademoiselle! Tant de force! tant d'énergie!...

MARIE.

Ne doivent pas vous étonner, monsieur le baron... née dans un temps de troubles et de malheurs, j'ai appris à souffrir dès mon berceau. Le premier récit qu'on me fit fut celui de nos désastres; la première voix que j'entendis fut celle de ma mère me racontant comment j'étais devenue orpheline et comment mon père avait été lâchement assassiné par une main inconnue... Pardon, ma mère, de vous rappeler de si tristes souvenirs... vous devez avoir besoin de repos.

GERTRUDE, *reparaissant.*

Tout est prêt.

LE BARON.

Je suis heureux, madame la marquise, d'avoir devancé de quelques heures l'instant fixé pour notre entrevue, et plus heureux encore de pouvoir vous assurer que l'événement fatal de cette nuit ne change rien aux projets formés entre nous.

LA MARQUISE.

Tant de générosité...

LE BARON.

Ne serai-je pas bientôt votre fils? (*Mouvement de Marie.*) Regardez-moi comme tel dès ce moment. Ma fortune, mon crédit, tout est à votre disposition... votre séjour dans cette auberge ne peut se prolonger... je vais donner des ordres pour que ma voiture soit bientôt prête. Nous partirons pour Paris, et mon hôtel sera le vôtre.

MARIE, *à part.*

Oh! je serai franche avec lui.

LE BARON, *à part.*

Allons! allons! tout va bien!

Il les reconduit et sort rapidement par le fond.

GERTRUDE, *descendant la scène, au milieu des soldats.*

Ah ça, les vieux, maintenant que c'est fini, un coup d'élixir d'avant-poste.

TOUS.

Bravo!

GERTRUDE, *prenant son bidon.*

De la paille de fer et de la véritable... C'est moi qui régale aujourd'hui la troisième batterie dite l'infernale.

TOUS, *buvant.*

A l'infernale!

Pendant cette scène le jour a paru.

SCÈNE IV.

GERTRUDE, SOLDATS, MARTIAL.

MARTIAL, *entrant.*

Minute!.. attendez-moi donc, vous autres...

Tous se retournent et partent d'un éclat de rire à la vue de Martial, qui entre traînant après lui, par la bride, un âne chargé de provisions.

GERTRUDE.

Eh! c'est Martial et son âne...

MARTIAL, *descendant la scène après avoir soigneusement attaché, à côté d'une des baraques du fond, son âne dont la tête seule ressort de la coulisse.*

Ouf! si vous saviez la peine que nous avons eue Jeannette et moi. (*Il désigne son âne.*) Depuis une heure du matin que nous sommes partis pour les provisions. (*On rit.*) « Gamin, que m'a dit hier le brigadier Robert qui était en train de fumer sa pipe avec le capitaine Desmares et le major Firmin... car ce sont les inséparables... Tu es de corvée demain; tu iras dans les fermes du voisinage, tu recevras ce qu'on te donnera. Rappelle-toi que ce sont des Français comme nous... demande et n'exige rien. Il se passe dans les environs assez de brigandages qu'on nous met sur le dos... Des soldats tels que nous meurent de faim, et ne volent pas. »

GERTRUDE.
Heureusement que les fermiers sont de braves gens. Ah ça, voyons, qu'est-ce qui est de cuisine aujourd'hui?

PLUSIEURS SOLDATS.
Moi, moi, moi.

GERTRUDE.
Aux provisions, alors!

On décharge l'âne.

UN SOLDAT, *élevant en l'air une cage où se trouve un oiseau.*
Qu'est-ce que c'est que ça?

MARTIAL, *s'élançant et prenant la cage.*
Eh! dis donc, bouffi, pas de bêtises; c'est à moi ça.

On rit.

GERTRUDE.
Une pie crevée!... Que diable veux-tu faire avec cet oiseau-là?

MARTIAL.
La pauvre bête est morte de chagrin hier d'avoir perdu ses petits, ce qui fait que sa maîtresse qui l'aimait tendrement, et qui allait la jeter au coin de la borne, m'a prié de l'accepter avec sa cage.

GERTRUDE.
Juste le bois pour la faire cuire.

MARTIAL.
Et c'est ce que je vas faire avec votre permission et celle du chef de l'établissement. (*Il montre l'auberge.*) Du gibier! ça ne déshonore pas le fourneau. (*On rit.*) Au revoir, les amis; je vous recommande surtout de ne pas brusquer Jeannette.

Il entre dans l'auberge au milieu des éclats de rire de ses camarades.

SCÈNE V.

LES MÊMES, *moins* MARTIAL.

GERTRUDE.
Est-il bête, ce Martial! l'est-il! l'est-il!...

SCÈNE VI.

LES MÊMES, ALFRED.

ADFRED, *les traits et les vêtements en désordre, se précipitant en scène.*
Où sont-ils?

TOUS.
Le capitaine!

ALFRED.
Où sont-ils? vous dis-je! répondez.

GERTRUDE.
Et qui donc, capitaine?

ALFRED.
Firmin... Robert.

GERTRUDE.
Absents. Mais qu'avez-vous?

ALFRED.
Ce que j'ai?... Qu'ils se sont perdus tous les deux en voulant me sauver. Au moment de ce terrible incendie, comptant sur mes forces, et pour arriver plus vite au château, je m'étais jeté dans la Loire. J'allais périr, quand tout à coup deux voix se firent entendre. Courage! courage! me criait-on. C'étaient Robert et Firmin qui, voyant de loin mon danger, n'avaient pas hésité à voler à mon secours. J'entendis leurs voix, mais je perdis connaissance; je ne sais ce qui m'est arrivé. En reprenant mes sens, je me trouvai dans une cabane sur la rive. On avait fait sécher mon uniforme, on avait ranimé ma vie près de s'éteindre! La raison et la pensée me revinrent. Je sortis appelant et cherchant mes malheureux amis... mais rien! rien! les flots s'étaient sans doute refermés sur eux.

Il se cache la figure dans ses mains.

GERTRUDE.
Pauvre major! pauvre Robert! de si braves soldats!

Elle essuie une larme.

ALFRED.
J'accours ici comme un insensé... j'espérais encore...

GERTRUDE.
Espérez toujours, capitaine... que diable! le bon Dieu ne peut pas permettre que des troupiers comme ça, qui ont vu si souvent le feu de l'ennemi, meurent dans l'eau comme des grenouilles.

TOUS.
Elle a raison!

ALFRED, *accablé.*
Oh! non! je ne les verrai plus... c'est fini!...

SCÈNE VII.

LES MÊMES, ROBERT *suivi de* FIRMIN, *fendant la foule.*

ROBERT.
Et pourquoi donc ça?

TOUS.
Robert! le major!

ALFRED, *se jetant dans leurs bras.*
Robert! Firmin! mes amis!...

GERTRUDE.
Je vous le disais bien, capitaine, que le bon Dieu ne le permettrait pas!...

FIRMIN.

Elle a raison, Alfred... la Providence a voulu que, réunis tous les trois par le même danger, nous puissions encore ici la remercier tous les trois de n'avoir pas brisé notre sainte amitié.

ROBERT.

Sur ce, un coup de schnik à ce qu'il y a là-haut. Je ne suis pas capucin, mais je dis comme le major, que tout n'est pas hasard dans la vie d'ici-bas, et surtout dans la nôtre.

Ils s'asseyent tous trois à une table placée devant l'auberge, et Gertrude les sert.

ALFRED.

Pardon, pardon, mes amis !... (*A Gertrude.*) Dis-moi... cet incendie ?...

GERTRUDE.

Éteint en un clin d'œil !... Et je me flatte que nous leur avons donné une chasse aux gueusards !

ALFRED.

Et la marquise? et sa fille?

GERTRUDE.

Sauvées ! elle sont là dans l'auberge.

ALFRED, *s'élançant.*

Là !

FIRMIN, *l'arrêtant.*

Y songes-tu ! après une telle émotion... ta brusque présence...

ALFRED.

Oh! oui, du repos, tu as raison. Mais conçois-tu mon bonheur? être ici près d'elle... (*attirant à lui Firmin et Robert*) si près de tout ce que j'aime !

Ici, les Soldats se dispersent au fond; Gertrude va se mêler à eux.

ROBERT.

Sacrebleu ! mon pauvre Alfred, que tu l'aimes donc, ta cousine !

FIRMIN.

Tant de grâces ! tant de perfections !

ALFRED.

Oh! oui ! n'est-ce pas qu'elle est digne de tout l'amour que je lui ai voué ?... Jusqu'à présent repoussé dans mes espérances par madame la marquise de Chevilly, ma tante, je ne sais trop pourquoi... mais accueilli, encouragé par Marie qui n'avait pas oublié nos joies d'enfance...

ROBERT.

Ah! pardieu ! c'eût été difficile !... Te rappelles-tu, Firmin, quand nous jouions tous les trois dans la cour de l'hôtel du colonel Desmares, le père d'Alfred, et qu'elle venait avec sa petite robe blanche ?...

FIRMIN.

Je n'ai pas oublié, Alfred, que c'est au colonel Desmares, ton père, que le mien, simple négociant, a dû sa petite fortune... cette **fabrique d'armes**...

ROBERT.

Où travaillait aussi mon père comme ouvrier. Et puis, chose singulière... Oh ! je suis superstitieux, voyez-vous !... A la même date, à la même heure, dans la même maison, nous naissions tous les trois. Toi, Alfred, au premier étage ; lui, Firmin, dans la boutique ; moi enfin, dans la mansarde.

ALFRED.

Élevés presque ensemble, nous avons grandi sans nous quitter.

FIRMIN.

Puis enfin nous nous sommes retrouvés dans le même régiment...

ALFRED.

Où notre amitié s'est renouvelée plus vive que jamais.

ROBERT.

Périls, bourse, peines, plaisirs, bivouac, tout a été commun entre nous.

FIRMIN.

Et le sera toujours.

ALFRED.

Oui, certes !

ROBERT.

Ce qui fait que le même coup de mitraille nous raflera tous les trois, ou que nous mourrons un jour tous les trois, en nous promenant bras dessus bras dessous à l'esplanade des Invalides.

On entend battre au champ.

ALFRED.

Qu'est-ce ?

SCÈNE VIII.

LES MÊMES, GERTRUDE, MARTIAL.

GERTRUDE.

Alerte, capitaine ! En voilà bien du nouveau ! le maréchal qui nous arrive !...

TOUS.

Le maréchal !

ROBERT.

A notre poste.

ALFRED, *jetant un regard sur l'auberge.*

Marie !... Oh ! je reviendrai !...

ROBERT, *entraînant Firmin et Alfred.*

Eh ! vite donc ! quelque ordre de l'empereur sans doute !...

Ils sortent. Le théâtre reste vide un instant, puis Martial entre.

MARTIAL, *tenant une bouteille, un couvert, et dans une assiette la pie rôtie ; il place sur la table tout ce qu'il tient.*

Sa majesté ne défend pas de s'occuper des légumes. Là ! voilà ce que c'est !... Comme ça fume ! comme ça fume !... Scélérate de pie, va! c'est-y entêté! j'ai cru que je ne parviendrais jamais à la cuire... Heureusement qu'en y mettant un peu de bonne volonté tous les deux... (*S'apercevant qu'il lui manque un verre.*) Tiens, pas de gobelet!... Imbécile que je suis!...

Il rentre précipitamment dans l'auberge; au même instant paraît au fond Loriquet.

SCÈNE IX.
LORIQUET, puis MARTIAL.

LORIQUET, *une culotte de peau, des bottes de postillon et un habit de marguillier.*

Ohé! ohé! monsieur le baron!... Tiens! personne!... c'est dommage, je suis sûr qu'il aurait été flatté de ma tenue... Ah! dame, j'ai pas regardé au prix... on est ficelé, je m'en vante!... (*Après une pause.*) Ce qui me vexe, c'est que je n'ai rien trouvé à tortiller à l'Oie qui chante... que l'estomac me tombe dans les talons... Entrons un peu à l'auberge... (*Il va pour y entrer et aperçoit le repas de Martial.*) Hein! qu'est-ce que j'aperçois là?... je dirai même, qu'est-ce que je sens?... (*Flairant.*) Oh! la belle grive!... Attends, attends, ma mignonne, je te vas dire deux mots à l'oreille... (*Il se met à dévorer la pie.*) Cré coquin! que c'est dur le gibier de cette année-ci!... (*Buvant à même la bouteille.*) Amollissons.

MARTIAL, *rentrant en fredonnant.*

Connaissez-vous les hussards de la garde?

(*Sans voir Loriquet.*) Ne laissons pas refroidir... (*Il va à la table et recule épouvanté.*) Miséricorde!

LORIQUET.

Garçon!

MARTIAL.

Comment, garçon!... Mais c'est mon déjeuner que tu manges!

Il allonge la main pour saisir le plat.

LORIQUET, *le repoussant.*

Allons donc!

MARTIAL, *tirant le plat.*

Lâcheras-tu?

LORIQUET, *mettant ce qui reste sur son pain et donnant le plat à Martial.*

Emportez à la cuisine.

MARTIAL.

Ah! tu me voles, et tu te fiches de moi!... (*Il lève le plat sur Loriquet qui le lui attrape et le lui casse sur la tête.*) Cré nom d'un... sacristi! Et tu crois que ça va se passer en conversation? faudra dégainer...

LORIQUET, *lui donnant une calotte.*

J'en mange pas.

MARTIAL, *montrant les débris de son déjeuner.*

Mais au contraire, animal, c'est que t'en manges... Défends-toi, ou je te dévore!... (*Loriquet ne bouge pas; au bruit qui se fait dans la coulisse par les tambours et les trompettes, sont accourus* plusieurs camarades qui appellent Martial.) Il faut se rendre à l'appel, saperlotte! sois tranquille, tu me le payeras!

On l'entraîne.

SCÈNE X.
LORIQUET, puis MARIE *sur la terrasse.*

LORIQUET.

Il est gentil, ce petit bonhomme! (*Marie paraît sur la terrasse, elle est accompagnée d'une fille d'auberge.*) Oh! oh! du sexe!... Mais songeons d'abord au solide et tâchons de rejoindre mon baron... C'est qu'il ne faut pas qu'il s'imagine qu'il va me filer dans les doigts... (*Retournant à la table pour prendre son chapeau, et jetant un dernier regard sur les débris du festin.*) C'est égal, cette grive était un canard!

Il sort en regardant de tous côtés s'il n'apercevra pas le Baron.

SCÈNE XI.
MARIE, LA FILLE D'AUBERGE.

Ma mère repose...

La Fille d'auberge s'incline et rentre dans l'appartement. Marie descend lentement.

SCÈNE XII.
MARIE, ALFRED.

ALFRED, *paraissant et entrant sans la voir.*

Impossible de connaître encore les instructions du maréchal...

MARIE.

Ce signal!... Alfred va s'éloigner sans doute... Si je pouvais parler au baron... (*Apercevant Alfred.*) Alfred!

ALFRED.

Marie!... Oh! ne vous éloignez pas!... il y a si longtemps que votre main, pressée dans la mienne, ne m'a rappelé, en frémissant, nos premiers jours de joie et de bonheur!... Oh! merci, merci, Marie, de vous être souvenue de nos serments, et d'avoir résisté aux injustes préjugés qu'invoquait contre moi votre mère!

MARIE.

Des préjugés!

ALFRED.

Oubliant que je suis le fils de son frère, elle n'a voulu voir en moi que le soldat de Napoléon...

MARIE.

Vous vous trompez, Alfred; ce motif n'est pas celui qui a dicté la conduite de ma mère à votre égard... Quoique fille et sœur d'émigré, elle a toujours respecté la gloire de la France, et bien souvent, m'a-t-elle dit, dans l'exil, dans la solitude, son cœur a battu au bruit d'une de nos victoires.

ALFRED.

Pourquoi donc alors briser l'avenir que nous avions si longtemps rêvé?

MARIE.

Parce qu'elle place pour moi le bonheur où je ne le trouverai jamais... Nous avions au moment de la révolution des titres et des domaines; vous le savez, titres et domaines ont passé en d'autres mains... c'est ce que pour moi voudrait reconquérir ma mère.

ALFRED.

Oh! oui, je comprends... Un riche mariage, n'est-ce pas?

MARIE.

Ma main a été promise par elle.

ALFRED.

A qui?

MARIE.

A monsieur le baron Ferral.

ALFRED.

Et quel est-il, ce baron?

MARIE.

Un homme étrange... sa fortune est immense, son crédit sans bornes... Il y a en lui je ne sais quoi de bizarre et d'inexplicable; tantôt son regard est plein de douceur, tantôt sombre et terrible; quelquefois il captive, souvent il épouvante!

ALFRED.

Quel qu'il soit, je le tuerai!

MARIE, *vivement*.

Un duel! avec lui!... Mais vous ignorez donc que c'est la mort?... Jamais son épée n'en a rencontré une autre, qu'elle ne soit rentrée au fourreau teinte de sang.

ALFRED.

Eh! que m'importe ma vie s'il ne m'est plus permis de vous la consacrer?

MARIE, *avec calme*.

Qui dit cela?

ALFRED.

La volonté de la marquise n'est-elle pas inflexible?

MARIE.

Et la mienne, Alfred!... (*Mouvement d'Alfred.*) J'ai pu être jusqu'ici faible et timide, j'ai pu respecter les répugnances de ma mère et flatter ses illusions; tant qu'il ne s'est agi que de vœux éphémères et de vagues projets, j'ai courbé la tête et je me suis tue, même aux dépens de notre bonheur; mais vienne l'instant d'une lutte décisive, et je prouverai que je ne manque ni de force ni d'énergie... Jamais je ne laisserai tomber ma main dans celle de l'homme qu'on me destine... Vous parliez de nos serments, Alfred... Marie de Chevilly ne les a pas oubliés...

ALFRED.

O Marie! Marie!

On entend marcher.

MARIE.

Aujourd'hui même, avant de partir pour Paris, le baron connaîtra mes résolutions.

ALFRED.

Vous partez, Marie?

MARIE.

Il le faut bien: après le malheur qui nous est arrivé, ma mère a accepté l'hospitalité du baron.

ALFRED.

Qu'entends-je!

~~~~~~~~~~~~~~~~~~~~~~~~~~~~~~~~~~~

SCÈNE XIII.

Les Mêmes, LE BARON.

LE BARON, *à un Domestique qui le suit, sans voir Alfred ni Marie.*

Annoncez à madame la marquise que je suis à ses ordres.

Le Domestique entre dans l'auberge.

MARIE.

Ciel! c'est lui...

LE BARON.

Point de chevaux à la poste... heureusement ce damné Loriquet s'est chargé de tout.

ALFRED.

Quel est cet étranger qui nous regarde ainsi?

LE BARON, *se retournant et apercevant Alfred et Marie.*

Ah! ah! sans doute le cousin dont on m'a tant parlé!...

ALFRED.

Mon rival, peut-être!

LE BARON, *qui s'est lentement approché de Marie.*

Pardon, mademoiselle, je suis indiscret.

MARIE, *lui présentant Alfred.*

Monsieur le capitaine Desmares, mon cousin.

LE BARON, *saluant.*

Enchanté, monsieur...

MARIE, *présentant le Baron à Alfred.*

Monsieur le baron Ferral... En vérité, monsieur le baron, vous ne pouviez arriver plus à propos; je parlais justement à mon cousin de la demande en mariage dont vous aviez daigné m'honorer.

LE BARON.

Et monsieur le capitaine, en bon juge, trouve certainement que je ne pouvais faire un meilleur choix.

ALFRED.

Tellement, monsieur le baron, que je l'avais fait avant vous.

LE BARON.

Le contraire m'eût étonné... Je me rends trop justice pour ne pas reconnaître tous les avantages que vous pouvez avoir sur moi... Mes seuls titres sont dans mon amour et dans la parole de madame la marquise de Chevilly.

MARIE.

Cette parole, monsieur le baron, vous êtes trop noble et trop généreux pour vous en prévaloir...

LE BARON, *se contenant avec peine.*

Parlez, parlez, mademoiselle...

MARIE.

L'aveu que j'ai à vous faire est certes bien étrange, mais il n'a rien dont je puisse rougir, car l'affection qui me lie à Alfred est pure et sacrée... Enfants des deux frères, nous ne nous sommes presque jamais quittés, et bientôt, sans nous en être fait confidence, une même résolution nous vint ; c'était de resserrer par le mariage le lien dont Dieu avait uni nos parents... Vous voyez bien, monsieur le baron, que je ne puis tenir la parole que vous avez reçue de ma mère.

LE BARON.

A merveille, mademoiselle... nul ne sait mieux que moi respecter les élans du cœur et les scrupules de la conscience. (*A Alfred.*) Je vous félicite, capitaine.

ALFRED.

Et moi, monsieur le baron, je vous demande mille fois pardon de la froideur avec laquelle je vous ai d'abord accueilli.

Il lui tend la main.

LE BARON, *la pressant.*

Comment donc, capitaine... entre gens de notre sorte... (*A part.*) Oh! j'aurai ma revanche!...

Entrée de Loriquet.

LORIQUET.

Salut, la compagnie! c'est attelé, monsieur le baron.

LE BARON.

C'est bien.

SCÈNE XIV.

LES MÊMES, LA MARQUISE.

Elle sort de l'auberge, tout le monde va au-devant d'elle.

ALFRED, *avec empressement.*

O ma chère tante!

LA MARQUISE.

Alfred!

LE BARON, *bas, à Marie.*

J'ai fait, mademoiselle, tout ce que vous avez souhaité. (*Avec amertume.*) Mais à mon tour, puis-je espérer qu'à notre arrivée à Paris vous m'honorerez d'un quart d'heure d'entretien particulier? (*Mouvement de Marie.*) Il le faut.

MARIE, *à part. Elle va pour lui répondre, mais le Baron s'éloigne et se rapproche galamment de la Marquise occupée à parler à Alfred.*

Son ton... son regard! oh! je ne sais ce que j'éprouve!

LE BARON.

Partons, mesdames.

ALFRED.

C'est à vous que je la confie.

LE BARON.

Soyez tranquille. (*A part et d'une voix sourde.*) Oh! elle sera ma femme!

Il s'éloigne avec Marie et la Marquise, qu'il tient sous le bras.

ALFRED.

A bientôt, Marie.

MARIE.

A bientôt.

SCÈNE XV.

ALFRED, *seul, qui les a suivis des yeux, redescendant tristement la scène.*

D'où vient cette subite tristesse qui s'empare de moi?... Il me semble qu'elle s'éloigne pour toujours!... et cependant, grâce au généreux sacrifice du baron, grâce à cette affection dont ma tante m'a renouvelé l'assurance... Allons! allons! ce jour doit être le plus heureux de ma vie... Mais que vois-je? Robert et Firmin qui viennent de ce côté... ce trouble... cette agitation... que s'est-il donc passé?...

Ici on entend un roulement.

SCÈNE XVI.

ALFRED, ROBERT et FIRMIN.

ALFRED, *courant à eux.*

Mes amis! mes bons amis!

ROBERT.

Ah! laisse-moi...

Il tombe accablé sur le banc de pierre.

ALFRED, *à Firmin.*

Qu'y a-t-il?

ROBERT, *se levant vivement et bondissant sur lui-même.*

Dire qu'on a entendu pendant quinze ans ce cri : En avant! Dire qu'on a parcouru l'Europe en vainqueur... et qu'on nous chasse aujourd'hui comme des fainéants!...

ALFRED.

Que signifie?...

FIRMIN.

L'empereur a abdiqué!

ALFRED.

Est-il possible? l'armée de la Loire est licenciée?

Roulement de tambours.

ROBERT.

Tiens, v'là l'ordre du jour.

ALFRED.

Comment?

ROBERT.

Oui.

Moment de silence et de morne abattement.

FIRMIN, *s'approchant de Robert dont l'agitation est au comble.*

Allons, allons, calme-toi, mon bon Robert!

ROBERT.

C'est bien facile à dire... Toi, Firmin, tu as ton talent; Alfred, de la fortune... et moi, moi qui ne suis bon qu'à faire de la chair à canon... (*Avec une rage concentrée.*) Au fait, puisqu'ils ne veulent plus de nous, je m'en retourne au village où s'est retirée ma pauvre mère... je l'embrasserai, je prendrai sa bénédiction... et puis, comme je suis fort et vigoureux, je reviendrai à Paris... il n'y a que là qu'on fasse ses affaires... je serai ouvrier, homme de peine, commissionnaire, quoi! il n'y a pas de sot métier... (*Mouvement d'Alfred et de Firmin.*) Seulement, quand vous me rencontrerez, promettez-moi une chose... je sais qu'il y a des convenances... Eh bien! vous me ferez signe de loin, je vous suivrai sous quelque porte cochère, dans un coin... et là, vous me serrerez encore la main... n'est-ce pas, mes amis?...

ALFRED.

Oh! toujours! toujours!... que parles-tu de distance entre nous, Robert?

FIRMIN.

Ne sommes-nous pas frères par le malheur... Jurons, quoi qu'il puisse nous arriver dans la vie, de ne jamais l'oublier.

ROBERT.

Ah! sacredié! c'est pas moi qui y manquerai, à ce serment-là!

ALFRED.

Ni moi!

FIRMIN.

Ni moi!

On entend battre un rappel et sonner un demi-appel.

ROBERT, *tristement.*

Ah! ce sont les camarades!

SCÈNE XVII.

LES MÊMES, GERTRUDE, SOLDATS.

Entrée tumultueuse, un Maréchal-des-Logis-Fourrier s'approche d'Alfred et lui remet un papier.

ROBERT, *reprenant le ton du subordonné, et s'adressant à Alfred.*

Eh quoi! camarades, aurons-nous bien le courage de nous séparer?

TOUS.

Jamais! jamais!

ALFRED, *se place au milieu d'eux, et le silence se rétablit.*

Il faut obéir, mes amis... l'empereur s'en va sans se plaindre... faisons comme lui.

FIRMIN.

Nous avons été de braves soldats, soyons de bons et honorables citoyens... Rentrons dans nos foyers : que chacun demande au travail son existence ; la France est assez juste pour honorer ceux qui l'ont servie, assez riche pour nourrir encore ses enfants!

ROBERT.

Sur ce, soyons pékins!

ALFRED.

Mais que rien de ce qui a appartenu à la garde impériale ne tombe au pouvoir de l'ennemi!

TOUS.

Non, non.

ROBERT, *courant au drapeau qu'il détache de la lance, et le plaçant sur son cœur.*

Il ne me quittera plus.

TOUS.

Bravo, Robert!

ROBERT, *s'approchant de la pièce de canon.*

Quant à toi, ma gueularde, ce n'est pas ta faute si les Russes, les Prussiens et autres font présentement la loi... t'as joliment dit ton mot à Marengo, à Austerlitz et ailleurs... Suffit! nous sommes de vieux amis... ça fend le cœur de se quitter... (*La soulevant de son affût avec l'aide de plusieurs artilleurs, et la précipitant dans la Loire.*) Mais vive l'empereur!

TOUS.

Vive l'empereur!

Tous brisent leurs armes. Un sourd roulement de tambour se fait entendre dans la coulisse, tous s'arrêtent immobiles et prêtent l'oreille. Silence profond et religieux. Pendant tout ce mouvement, Alfred, Robert et Firmin ont roulé leurs manteaux autour de leurs sabres; ils s'approchent en silence, et simultanément se saisissent la main tous les trois.

ROBERT.

Unis pour toujours!

ALFRED *et* FIRMIN.

Pour toujours!

ACTE DEUXIÈME.

Un petit salon du café de la Montansier. Plusieurs issues, tables. Au lever du rideau, grand mouvement dans la coulisse, on entend des cris joyeux.

SCÈNE PREMIÈRE.

BUVEURS et GARÇONS.

UN BUVEUR.

Au moins ils s'amusent!... Entendez-vous leurs cris?

UN VIEUX MONSIEUR.

Alerte! il n'y a plus moyen de vivre à la Montansier depuis le licenciement de la Loire. Je n'ai pas envie qu'ils fassent de moi, ces brigands-là, ce qu'ils ont fait des tables et des glaces de l'établissement.

CRIS *dans la coulisse.*

Ohé! ohé!

LES HABITUÉS, *se levant en tumulte.*

Sauve qui peut!

Le vieux Monsieur se précipite le premier vers la porte, et oublie sa canne à pomme d'or.

SCÈNE II.

ALFRED et SES AMIS.

ALFRED, *entrant bruyamment dans le salon à la tête de ses amis.*

Les voyez-vous s'enfuir à notre approche? le champ de bataille nous reste. (*Ils ferment les portes et se groupent mystérieusement autour de lui. Changeant de ton.*) Parlons d'affaires sérieuses, car demain j'aurai quitté ces lieux, et dans peu je ne verrai plus la France.

UN AMI, *bas à Alfred.*

Qu'importe, si là-bas, sur la terre étrangère, le devoir nous appelle?

ALFRED, *souriant tristement.*

Ou le repos... la mort... Mon passeport est-il visé?

UN AMI, *le lui donnant.*

Le voici.

ALFRED.

Pour l'Italie!... Beau pays! où l'on se souvient encore des mots de gloire et de liberté.

UN AMI.

Voici tes lettres d'affiliation!

ALFRED, *prenant le papier.*

Bien!... Et maintenant, mes amis, de la joie pour nous quitter sans regrets, du punch enflammé pour noyer la pensée... et des conquêtes faciles.... (*à part*) pour oublier... O Marie!... Marie!...

TOUS, *frappant bruyamment sur les tables.*

Garçon!... eh! garçon!...

SCÈNE III.

LES MÊMES, MARTIAL.

MARTIAL, *accourant avec plusieurs Garçons.*

Voilà! voilà!

ALFRED.

Martial!

MARTIAL.

Vous, mon capitaine!

ALFRED, *le tirant à l'avant-scène.*

Et que fais-tu ici?

Les autres Garçons ont servi les amis d'Alfred et disparaissent en fermant les portes du petit salon.

MARTIAL.

Vous le voyez! Je sers le bain de pied aux consommateurs, je nage dans la limonade.

ALFRED.

Et pourquoi n'es-tu pas venu me trouver depuis le licenciement?

MARTIAL.

Est-ce que je savais où vous pêcher? Ce n'est qu'hier que j'ai appris votre adresse par le major Firmin que j'ai été voir.

ALFRED.

Ah! tu as revu Firmin!

MARTIAL.

Grâce à Gertrude... vous savez bien! l'ancienne cantinière de la 3e, que j'ai rencontrée l'autre jour au perron, et qui m'a conduit ici à côté, rue de Valois, chez le major. Cette sacrebleu-là qui vous a maintenant l'air d'une femme de ménage... Et monsieur Firmin donc! quel calme! quelle tranquillité! On ne croirait jamais que ça a été des soldats du grand Napoléon!...

ALFRED.

Ah! tout est bien changé!

MARTIAL.

C'est à quoi je pensais hier en regardant ma pauvre Jeannette, que j'ai été obligé de placer chez un escamoteur pour lui donner de l'éducation; il m'a promis qu'elle jouerait du violon à Pâques et qu'elle ne mangerait plus que deux fois par semaine. Ah! dam! faut bien qu'elle apprenne aussi à gagner sa vie!... (*Éclats de rire.*) Quant à moi, après la débâcle de la Loire, je m'étais fait gâte-sauce chez Véry, vu mon penchant naturel pour la cantine; mais ça me vexait de servir les alliés, et quand j'entendais des officiers anglais: « Garçon! une poulette sauté! » j'y mettais une cartouche, et je les faisais si bien sauter, qu'avant-hier c'est moi qu'on a fait sauter, on m'a mis à la porte.

ALFRED.

C'est pour cela que je te retrouve à la Montansier.

MARTIAL.

Où je suis depuis ce matin seulement, et où je ne ferai pas de vieux os. En voilà une boutique pour les mœurs! c'est au point que je n'oserais pas même y conduire Jeannette.

CRIS *dans la coulisse.*

Au rideau! au rideau!...

MARTIAL.

Ah! le spectacle va commencer!

ALFRED.

Allons-y, mes amis; mêlons-nous à la foule... la soirée sera complète.

TOUS.

Bravo! bravo!

ALFRED.

Au revoir, Martial.

MARTIAL.

Au revoir, mon capitaine.

Ils sortent bruyamment.

SCÈNE IV.

Les Mêmes, FIRMIN.

Au moment où Alfred va sortir avec ses amis, Firmin se présente au fond et l'arrête.

FIRMIN.

Un mot, Alfred.

ALFRED.

Firmin!

FIRMIN.

J'ai à te parler.

ALFRED.

Ce moment est mal choisi!

FIRMIN.

Il le faut.

ALFRED.

Soit. Pardon, mes amis, je suis à vous à l'instant.

Il les reconduit, ils sortent.

SCÈNE V.

FIRMIN, ALFRED.

FIRMIN.

Ma présence t'étonne?

ALFRED.

Pourquoi donc?

FIRMIN.

Tu me négliges, Alfred; il y a longtemps que je ne t'ai vu.

ALFRED.

Encore des reproches!

FIRMIN.

C'est comme ce pauvre Robert...

ALFRED.

Oh! quant à Robert...

FIRMIN.

Oui, laissons cela, on est quelquefois égoïste et jaloux en amitié. Pardonne-moi, Alfred, de t'avoir montré combien je souffrais de ton refroidissement à notre égard. Si je viens au milieu de tes joies, au milieu de tes plaisirs, ce n'est pas pour les troubler par ce que tu appelles mon humeur chagrine et austère; c'est parce qu'il me reste un devoir à remplir envers toi, et que, devrions-nous nous brouiller à jamais, je m'en acquitterai.

ALFRED.

Quel début?

FIRMIN.

Cette nuit, tu dois joindre ton nom à ceux des membres de je ne sais quelle association mystérieuse...

ALFRED.

Qui t'a dit...?

FIRMIN.

Est-ce vrai?

ALFRED.

Je ne mentirai pas... c'est vrai.

FIRMIN.

Demain tu pars pour l'Italie?

ALFRED.

Je pars.

FIRMIN.

Écoute, Alfred. Tu es jeune, ardent et brave... ton cœur, né pour les nobles choses, s'ouvre à toutes les pensées généreuses. Eh bien, ta jeunesse, on veut l'égarer... ton ardeur, on veut l'exploiter... ton courage, on le trompe... l'intérêt qu'on te témoigne est menteur, et ce que tu révères le plus au monde, l'honneur de ton nom, on le compromet.

ALFRED.

Mais...

FIRMIN.

Je sais tout. Tu espères trouver en Italie des cœurs qui sympathisent avec le tien... Et si tu n'étais qu'une victime désignée d'avance et qu'une main intéressée pousse vers l'abîme?

ALFRED.

Qui pourrait...?

FIRMIN.

Un homme à qui ton amour pour Marie fait obstacle et qui trouverait dans ta perte sa sécurité et son repos.

ALFRED.

Le baron Ferral?

FIRMIN.

Lui-même.

ALFRED.

Rêveries! Le baron s'est conduit en rival noble et digne, il a laissé à Marie la liberté de choisir entre nous. Malgré ses serments, elle m'a renié, elle veut être riche! A qui m'en prendre? à elle seule. Quel intérêt le baron, sûr maintenant de sa préférence, aurait-il à commettre une telle lâcheté?

FIRMIN.

La jalousie raisonne-t-elle?

ALFRED.

Ah! tiens, mon pauvre Firmin, personne ne dis plus de folies que vous autres, gens graves, quand vous vous y mettez.

FIRMIN.

Oh! je t'en prie, je t'en conjure, Alfred, quitte ce ton de raillerie; c'est ton ami le plus vrai, le plus sincère qui te parle. Tu es perdu, Alfred, si tu persistes dans tes projets.

ALFRED.

N'ai-je pas tout perdu en perdant Marie?... Oh! comme elle m'a trahi!...

FIRMIN.

Et pourtant c'est d'elle que je tiens l'avis que je t'apporte... c'est elle qui a découvert la trame ourdie par le baron... c'est elle qui m'a tout révélé et qui m'envoie pour te sauver.

ALFRED.

Elle renonce donc à ce mariage? elle reviendrait à moi?

FIRMIN.
Non... mais ce qu'elle veut, c'est ton salut.
ALFRED, *froidement ; fausse sortie.*
Adieu.

FIRMIN, *l'arrêtant.*
Eh quoi ! c'est ainsi que tu me quittes ?

ALFRED, *avec ironie.*
N'as-tu pas, pour te consoler, la confiance de mademoiselle de Chevilly ? Va, retourne près d'elle... dis-lui que je la remercie de son intérêt ; mais que j'entends désormais disposer librement de ma vie. Adieu.

Il échappe à Firmin et s'éloigne rapidement ; à ce moment Loriquet paraît au fond, et semble vouloir retenir Alfred.

SCÈNE VI.
FIRMIN, LORIQUET.

LORIQUET, *sans voir Firmin.*
Eh ! capitaine Desmares !

FIRMIN, *allant à lui.*
Arrive ici !

LORIQUET, *à part.*
Le docteur !

FIRMIN.
Tu ne t'attendais pas à me rencontrer ?

LORIQUET.
Je l'avoue.

FIRMIN.
Je n'ai que quelques mots à te dire, mais tâche de te les bien graver en mémoire !... S'il arrive malheur à Alfred, c'est à toi que je m'en prendrai.

LORIQUET.
A moi ?

FIRMIN.
Nieras-tu que, vendu aux infâmes projets de ton maître, tu trames en ce moment un complot qui doit perdre un des plus braves officiers de notre vieille armée ? Nieras-tu que des gens payés, soudoyés par ton baron, et t'ayant pour guide, ont capté la confiance d'Alfred, afin de le conduire pas à pas au piège où il doit trouver le déshonneur et la mort ?

LORIQUET.
Ah ! par exemple !

FIRMIN.
Tu m'as entendu ! songes-y. Du reste, je ne quitterai pas cette réunion de la soirée ; car c'est cette nuit que tout doit s'accomplir... j'aurai l'œil sur toi, et si tu osais...

LORIQUET.
J'ai compris.

Firmin sort en le menaçant.

SCÈNE VII.
LORIQUET, *seul.*

Maudit docteur ! ça a beau être dans le civil, ça vous a toujours des façons... Ah ça, qui diable a pu lui apprendre...? Bah ! je trouverai toujours bien moyen, quoiqu'il en dise. (*Il va à une table.*) Si je prenais quelque chose ? (*Il aperçoit la canne à pomme d'or oubliée dès la première scène.*) Tiens ! quel est ce bijou ? (*Il s'approche et admire.*) Le superbe jonc ! (*Il replace la canne dans un coin et tire de sa poche un vieux brûle-gueule qu'il va allumer.*) Fi donc ! c'était bon pour Loriquet. (*Il le remet dans sa poche et en tire une autre pipe avec un énorme tuyau qui se déroule.*) Voici désormais le calumet du philosophe !... Allumons la pipe de Télémaque.

Il bat le briquet et commence à fumer après avoir sonné le garçon.

SCÈNE VIII.
LORIQUET, MARTIAL.

MARTIAL, *entrant vivement, et s'arrêtant tout court à la vue de Loriquet.*
Oh ! oh ! voici une tête que je connais !... (*Se rapprochant vivement de Loriquet, et reculant aussitôt.*) Dieu de Dieu !

LORIQUET, *se retournant froidement vers lui.*
Jeune homme, qu'avez-vous ?

MARTIAL, *à part.*
C'est lui ! c'est mon mangeur de pie !... (*Haut.*) On ne fume pas ici.

LORIQUET.
Une bavaroise au lait.

MARTIAL.
Je vous dis qu'on ne fume pas ici.

LORIQUET.
Ah ! dis donc...

Il se lève et va menaçant vers Martial.

SCÈNE IX.
LES MÊMES, ROBERT.

ROBERT, *qui paraît, passant négligemment entre eux, frappe sur l'épaule de Martial ; Loriquet s'arrête et fait demi-tour sur lui-même.*
Bonjour, petit.

MARTIAL.
Le brigadier Robert aujourd'hui !... Ah ! décidément le vent est aux anciens de la garde.

LORIQUET, *à part.*
Mauvaise compagnie. (*Haut.*) Allons à l'estaminet prendre notre bavaroise.

Fausse sortie.

MARTIAL, *à Robert.*

Avez-vous vu le capitaine ?

ROBERT.

Je viens de l'apercevoir en entrant ; je lui ai fait signe, et je l'attends ici. Veille à ce que personne ne vienne nous interrompre...

MARTIAL.

Suffit, brigadier !

Il va pour sortir et se heurte contre Loriquet qui rentre.

LORIQUET.

Prenez donc garde aux consommateurs !

MARTIAL.

Encore vous !

LORIQUET.

J'avais oublié mon jonc.

Il prend la canne à pomme d'or et s'éloigne gravement.

MARTIAL, *sortant avec lui, et le regardant partir.*

Vieux farfadet, va !...

SCÈNE X.

ROBERT, *puis* ALFRED.

ROBERT.

Je vas donc le revoir !... comment m'accueillera-t-il ?... Si j'en juge d'après notre dernière rencontre... C'est égal ! d'après ce que je sais, je ne suis pas le plus malheureux ; c'est donc à moi d'aller au devant de lui. (*Avec émotion, à la vue d'Alfred, qui paraît sur le seuil.*) Le voici ! (*Il court à lui.*) Alfred !

ALFRED, *d'un ton froid et glacé.*

Ah ! c'est toi !

ROBERT.

Ta main ! ta main d'abord !

ALFRED.

Ma main !

ROBERT.

Oui, car hier, quand je t'ai rencontré par hasard dans les galeries du Palais-Royal avec tes nouveaux amis, je me suis élancé vers toi comme aujourd'hui, et la main que je te tendais est retombée sans avoir serré la tienne.

ALFRED, *embarrassé.*

Mais...

ROBERT.

Oh ! je ne t'accuse pas ; j'aurais dû peut-être ne pas avoir l'air de te reconnaître ; mais je ne pouvais ainsi passer près de toi comme un étranger, quand mon cœur battait de joie à me briser la poitrine... Six semaines sans te voir, et ne pas te dire : C'est moi ! c'est Robert ! c'est ton ami !...

ALFRED, *hésitant.*

J'étais en affaires...

ROBERT.

Je les connais, tes affaires... aussi quand tu m'as dit presque à la dérobée : Demain à la Montansier ! je n'y aurais pas manqué, quand même... Tu as donc oublié ce que nous étions ?

ALFRED.

Tu as bien oublié ce que tu étais !

ROBERT.

Ah ! oui... je comprends... mon nouvel uniforme...

ALFRED.

Écoute, Robert, mon cœur n'a pas changé : tu es et tu seras toujours pour moi un véritable frère ; mais, tu ne l'ignores pas, dans la vie d'agitation que je me suis créée afin d'oublier la trahison de Marie, il y a, à l'époque où nous sommes, bien des hasards, bien des périls, et si par une fatale circonstance...

ROBERT, *vivement.*

Vous eussiez trouvé le soldat dans l'ami, n'est-ce pas ?... Oh ! rassurez-vous, Alfred... il y a en France de l'honneur sous tous les uniformes, et l'ex-brigadier Robert se serait plutôt coupé le poing que de mettre la main sur son ancien capitaine...

ALFRED, *lui tendant la main.*

Brave Robert !... et qu'es-tu devenu depuis notre séparation ?

ROBERT.

Comme je vous l'avais dit, j'ai retourné au pays... plus rien... les cosaques avaient passé par là, et je trouvai ma pauvre vieille mère qui pleurait assise sur un banc à la porte de sa cabane dévastée. « Venez avec moi, bonnemère, que je lui dis ; j'ai rien, mais à la guerre comme à la guerre ; s'il n'y a plus d'empereur, il y a toujours un bon Dieu pour nous ; on fera comme on pourra... » Et je l'ai amenée à Paris, où je suis entré dans le sixième cuirassier, pour la faire vivre avec ma solde... Hélas ! ça ne m'a pas malheureusement gêné longtemps : un mois après, elle était morte, la pauvre bonne femme ! (*Il s'arrête pour essuyer une larme ; Alfred lui saisit la main, qu'il presse avec émotion. Moment de silence.*) Alors je lui ai acheté un petit coin de terre, j'ai planté sur la fosse une croix de bois noir avec une couronne d'immortelles, et je m'en suis allé, en me disant : Ma mère est là, l'empereur là-bas ; de tout ce que j'aimais, il ne me reste plus qu'Alfred et Firmin...

ALFRED.

Des amis qui te seront toujours fidèles...

ROBERT.

Je l'espère pardieu bien... Mais assez causé ; je ne suis pas venu ici pour te parler de moi, Alfred ; je suis venu parce que j'ai appris tes espérances détruites, parce que t'as beau faire pour t'étourdir, tu souffres, et que je ne veux pas que tu souffres seul.

ALFRED.

Des chagrins à moi !...

ROBERT.

Sans doute,

ALFRED.

Ce sont tous les jours de nouveaux plaisirs... le bal, le jeu, l'orgie, un tourbillon de joies qui exaltent et enivrent.

ROBERT.

Tu me fais pitié!

ALFRED.

Robert!

ROBERT.

Eh! oui, sacrebleu! ta gaieté me fait mal, ton rire est fiévreux!... je te connais, Alfred; quand nous étions au bivouac, tu ne riais pas ainsi... Heureux, dis-tu!... mais tu n'as jamais pu reprendre de service, le nom de ton père était proscrit... ta petite fortune? elle est aux mains des agioteurs, qui l'auront bientôt dévorée! (*Alfred garde le silence.*) Il te restait ton amour...

ALFRED, *vivement.*

Tais-toi!

ROBERT.

Tiens! je n'ai pas besoin de prononcer le nom de Marie, car déjà tu as une larme dans les yeux.

ALFRED.

Marie!

ROBERT.

Oh! tu l'aimes encore... Je le savais par quelqu'un qui t'aime autant que moi, et que tu avais cessé de voir parce qu'il blâmait tes nouvelles extravagances; quelqu'un qui, comme ami, comme médecin, possède toute la confiance de la famille de Chevilly.

ALFRED.

Firmin!

ROBERT.

Oui; Firmin, qui console et soutient chaque jour la pauvre enfant; car elle est en effet bien à plaindre... elle t'aime toujours, Alfred!

ALFRED.

Oh!

ROBERT.

Elle t'aime, te dis-je.

ALFRED.

Pourquoi donc alors me sacrifier au baron?

ROBERT.

Ah! pourquoi? pourquoi? c'est ce qu'on n'a jamais su... A son arrivée à Paris, une entrevue secrète eut lieu entre elle et ton rival. Ce fut à la suite de cette entrevue que, pâle, glacée, demi-morte, elle vint déclarer à la marquise qu'elle n'épouserait jamais que ce gueux de baron Ferral.

ALFRED.

Et rien de plus?

ROBERT.

Rien de plus.

ALFRED.

Ah! tiens, Robert, c'est à se briser la tête de désespoir. Vainement je cherche au milieu du tumulte et des saturnales ou l'endurcissement du cœur ou l'oubli; je ne puis me dérober à la pensée de Marie... Sais-tu bien que c'est dans un mois qu'elle épouse ce Ferral!

ROBERT.

Nous avons un mois.

ALFRED, *vivement.*

Que dis-tu?

ROBERT.

Motus!... tes mirliflors t'attendent. Va les rejoindre, et compte seulement sur un ancien de la troisième batterie.

ALFRED.

Au revoir, Robert!

ROBERT.

Au revoir, capitaine!

ALFRED.

Je vais chercher ces messieurs, et nous revenons gaiement fêter notre bonne rencontre.

ROBERT.

Du tout... empêche que personne ne vienne, au contraire; j'ai besoin d'être seul pour réfléchir à quelque chose.

Il reconduit Alfred, qui lui serre la main et s'éloigne.

SCÈNE XI.

ROBERT, *seul, redescendant vivement la scène.*

Ah! sacredié! non... ça ne s'arrangera pas comme ça... il ne sera pas dit que ce gueux de baron fera le malheur de ce que j'aime... J'ai écrit à notre épouseur, je lui ai donné rendez-vous ici. Une fois face à face, il faudra bien que ça se débrouille... il faudra qu'il nous cède la femme ou le secret, sinon... Quelqu'un!... eh! justement, c'est l'oiseau!

SCÈNE XII.

ROBERT, LE BARON.

LE BARON, *entrant un billet à la main.*

Je me promène dans le bal, et personne... personne ne vient à moi... cependant ce billet. « A la Montansier! minuit! » Pas de signature... Qui peut m'avoir donné ce pressant rendez-vous?

ROBERT, *qui s'est lentement approché de lui.*

C'est moi!

LE BARON, *se retournant.*

Enchanté!

ROBERT.

Vous ne me connaissez pas?

LE BARON.

Nullement.

ROBERT.

Tant mieux, car nous aurons le plaisir de faire connaissance... (*S'asseyant auprès d'une table, et présentant une chaise au Baron.*) Ne vous gênez pas...

LE BARON.

Le singulier homme!

ROBERT, *frappant sur la table.*

Holà, garçon! un bol de punch! du carabiné! tout ce qu'il y a de mieux! (*Le garçon entre, s'incline et sort. Au Baron.*) Vous en prendrez un verre avec moi,

LE BARON.
Mais je voudrais avant...
ROBERT.
Convenu...
Une pause.
LE BARON.
Puis-je savoir, monsieur?...
ROBERT.
Qui je suis?... pas grand chose! un assez bon diable avec ceux que j'aime, une assez mauvaise pratique avec ceux qui ne me plaisent pas.
LE BARON.
Monsieur!...
ROBERT.
Oh! c'est pas pour vous que je dis ça... attendu que je suis certain que nous allons parfaitement nous entendre.
LE BARON, *avec une légère impatience.*
De quoi s'agit-il?
ROBERT.
Il y en a, monsieur le baron, qui iraient vous chercher midi à quatorze heures et vous feraient des phrases... Moi, c'est pas mon lot... j'arrive droit au but... il s'agit de votre mariage!
LE BARON, *se rapprochant.*
Ah! ah!
ROBERT, *appuyant.*
Oui, de votre mariage...
LE BARON.
Et quel intérêt?...
ROBERT.
Oh! mon Dieu! un intérêt bien simple... je marie à un autre la femme que vous épousez.
LE BARON.
Vous?
ROBERT.
Je marie mademoiselle de Chevilly au capitaine Alfred Desmares, son cousin. (*Hilarité du Baron.*) Ça vous paraît drôle?... et pourtant ça sera comme ça.
LE BARON.
Ah! parbleu!... voilà qui est plaisant... et en quelle qualité prétendez-vous?...
ROBERT.
Ecoutez!
LE BARON.
Je ne demande pas mieux.
ROBERT.
Dans un mois, m'a-t-on dit, vous épousez mademoiselle Marie de Chevilly, et quoique convaincu que sa pensée est toujours à un autre, vous n'hésitez pas?
LE BARON.
Pourquoi hésiterais-je?
ROBERT.
Pourquoi!... Tenez, je viens de vous parler un peu militairement, j'ai eu tort... que voulez-vous, je suis un franc troupier... mais ce mariage doit être une source de peines et de chagrins pour deux pauvres jeunes gens... Laissez mademoiselle Marie à mon capitaine... Il ne vit, il ne respire que pour elle... Je sais bien que ma reconnaissance n'est pas grand chose... mais faites ça... et si jamais vous avez besoin d'un homme dévoué, je suis à vous, capitaine... Ça vous va-t-il?

LE BARON, *coupant la conversation.*
Ah! voici le punch.
Un Garçon entre et place sur la table un bol de punch enflammé.

ROBERT, *à part, les yeux fixés sur le Baron.*
Ah! c'est comme ça que ça se joue... tu es bien mal inspiré, mon mignon! Oh! un peu de patience... (*Haut.*) Ah ça! dites donc, je viens de vous parler du cœur, vous ne me répondez pas... voulez-vous, oui ou non?

LE BARON, *froidement.*
A votre santé!

ROBERT.
Non! car je ne bois jamais avec les gens que je méprise.

LE BARON.
Vous m'insultez?

ROBERT.
Eh bien! oui... je t'insulte... parce que pour obtenir le consentement de mademoiselle de Chevilly il t'a fallu employer quelque moyen infâme et que tu n'oses avouer; je t'insulte parce que tu es assez lâche pour faire de sang-froid le malheur d'une pauvre jeune fille, et briser l'âme d'un brave garçon qui vaut mieux que toi; je t'insulte enfin, moi Robert, ex-brigadier de la vieille garde, parce qu'on te dit le bourreau des crânes et qu'il faut que je te tue.

LE BARON, *écumant de rage.*
Vos armes?

ROBERT.
L'épée!

LE BARON.
Le lieu?

ROBERT.
Sous la lanterne... ici près... dans la rue...

LE BARON.
Soit.

ROBERT, *à part.*
Oh! je te descendrai, ou le diable dira pourquoi!

SCÈNE XIII.

LES MÊMES, LORIQUET; *il entre gravement, la canne à pomme d'or à la main.*

LORIQUET.
Il me semble avoir vu se diriger de ce côté mon honorable maître... Que vois-je?... du punch!

LE BARON, *courant à lui.*
Tu arrives à propos.
Il lui parle bas.

LORIQUET.

Des aiguilles.

LE BARON.

Va.

LORIQUET, *qui s'est approché insensiblement de la table, se versant un verre de punch.*

En voilà de l'agrément...

ROBERT.

Dépêchons...

LORIQUET.

Filons !

Il sort.

LE BARON, *avec rage.*

A nous deux, brigadier Robert.

ROBERT, *lui tendant la main.*

Tapez là, sacrédié... vous m'avez l'air d'un brave lapin... tant mieux... ça sera pour de bon.

LE BARON.

La mort pour l'un de nous.

Il sort.

ROBERT.

Le bonheur pour Alfred et Marie, peut-être !

SCÈNE XIV.

ROBERT, ALFRED.

ALFRED.

Ah ! c'est toi Robert ; où vas-tu ?

ROBERT.

Ça ne te regarde pas.

ALFRED.

Réponds-moi.

ROBERT.

Je te le dirai plus tard... adieu.

Il sort.

SCÈNE XV.

ALFRED, *seul.*

Robert ?... où va-t-il ?... ce qu'il m'a dit tout à l'heure me poursuit et m'inquiète... quel peut être son projet ? Et Marie !... ah ! Robert avait raison ; au milieu de mes fausses joies, je n'ai pu calmer les souffrances de ce cœur qui l'adore... et dans ce moment même, je ne sais quel triste pressentiment m'agite... il me semble qu'un grand malheur va me frapper... c'est en vain que je veux repousser ces sinistres pensées... malgré moi...

Cris.

SCÈNE XVI.

ALFRED, MARTIAL.

MARTIAL, *accourant tout effaré.*

Ah ! mon Dieu !

ALFRED.

Qu'y a-t-il donc ?

MARTIAL.

Deux hommes qui viennent de se battre.

ALFRED.

Où ?

MARTIAL.

Sous le réverbère.

ALFRED.

Courons !

MARTIAL.

C'est inutile... l'un d'eux est blessé et on l'apporte ici.

Fausse sortie.

SCÈNE XVII.

LES MÊMES, OFFICIERS, ROBERT, FIRMIN, FOULE.

On apporte Robert ensanglanté, soutenu par Firmin.

ALFRED, *fendant la foule.*

Robert !... Il ne m'entend plus... un médecin... ma fortune à qui le sauvera ! (*Reconnaissant Firmin.*) Firmin !... Ah ! c'est le ciel qui t'envoie...

FIRMIN.

Oui, moi qui veille toujours sur vous ! Robert ! Robert !...

Il se précipite à genoux près de lui.

SCÈNE XVIII.

LES MÊMES, UN COMMISSAIRE DE POLICE, SOLDATS, *puis* LORIQUET.

LE COMMISSAIRE.

Faites garder les issues.

TOUS.

Des soldats !...

LE COMMISSAIRE, *s'approchant.*

Un meurtre a été commis !

MARTIAL.

Et l'assassin a pris la fuite.

LE COMMISSAIRE, *montrant Robert.*

Quel est cet homme ?

ALFRED.

Robert, ex-brigadier d'artillerie de la garde impériale !

LORIQUET *et* LES SIENS.

Encore un brigand de la Loire !

LE COMMISSAIRE.

Silence ! Vos noms, messieurs ?

ALFRED.

Alfred Desmares, ex-capitaine de la troisième batterie de la garde impériale.

FIRMIN.

Le docteur Firmin, ex-chirurgien-major de la même batterie.

LORIQUET *et* VOIX CONFUSES.

Encore des brigands de la Loire.

Courant de l'un à l'autre en faisant des gestes de menaces contre les trois amis qu'il désigne à la foule. Murmures à voix basse.

LE COMMISSAIRE.

Silence!

Firmin, toujours agenouillé près de Robert, a écarté ses vêtements pour reconnaître la blessure. Il retire de dessus sa poitrine et taché de sang le drapeau qui lui a été donné à la fin du premier acte. A cette vue l'agitation est au comble; mille cris partent de toutes parts, et tous les bras se lèvent pour les menacer.

LORIQUET, *à la foule.*

Mort aux brigands!

FIRMIN, *se dressant devant Robert qu'il couvre de son corps.*

Arrêtez!...

ALFRED, *saisissant une chaise.*

Misérables!

FIRMIN.

Le mourant est sous la sauve-garde des lois et de l'humanité.

MARTIAL.

Où faudra-t-il le transporter?

FIRMIN.

Chez moi!...

On soulève Robert avec précaution.

ALFRED.

Tu le sauveras, Firmin?...

FIRMIN.

Dieu m'aidera.

LORIQUET *et* LES VOIX, *murmurant.*

Ah! ah!

LE COMMISSAIRE, *aux Soldats.*

Faites votre devoir.

On repousse la foule; on se prépare à emporter Robert que soutiennent Alfred, Firmin et Martial.

ACTE TROISIÈME.

Chez Firmin. — Le théâtre représente un appartement meublé sans luxe, mais avec goût et ordre. Un buste de l'Empereur, avec une couronne d'immortelles, sur un guéridon. Des livres, des tables, des fauteuils; portes au fond et de côté. Une fenêtre à l'un des plans, une cheminée en face, avec sa garniture. Un couvert sur une table.

SCÈNE PREMIÈRE.

GERTRUDE, ROBERT, *dans l'appartement à côté.*

Au lever du rideau grand bruit dans la chambre. Gertrude est en train de mettre le couvert.

GERTRUDE.

Eh bien! voulez-vous finir, Robert... Depuis qu'il lui est revenu quelques gouttes de sang dans les veines, il n'y a plus moyen d'en venir à bout.

ROBERT, *de la coulisse.*

Gertrude!

GERTRUDE.

Qu'est-ce qu'il y a?

ROBERT.

Firmin est-il rentré?

GERTRUDE.

Pas encore.

Elle va fermer la porte.

ROBERT.

Gertrude!

GERTRUDE, *la rouvrant.*

Qu'est-ce encore?

ROBERT.

Martial est-il venu ce matin?

GERTRUDE.

Ah! tenez, ne me parlez plus de ce petit drôle-là. Comment pouvez-vous le recevoir et vous intéresser à lui, quand vous savez qu'il n'a pas hésité en quittant la Montansier à prendre du service en qualité de garçon d'écurie, chez qui?... chez ce gueux de baron Ferral, qui vous a si bien traité.

ROBERT.

Qu'est-ce que ça te fait? si ça m'arrange.

GERTRUDE.

Bonsoir alors... j'aime pas à jaser sur ce sujet-là.

Elle referme la porte.

SCÈNE II.

GERTRUDE, *seule, descendant la scène.*

Dépêchons-nous maintenant de tout ranger ici, car mon major, c'est-à-dire monsieur le docteur, comme on l'appelle à présent, ne peut tarder.

SCÈNE III.

GERTRUDE, FIRMIN.

FIRMIN, *entrant.*

Bonjour, Gertrude.

Il est vêtu de noir, et rien dans sa tenue ne rappelle le soldat; il place avec précaution sur un fauteuil, en entrant, son chapeau, ses gants et sa canne.

GERTRUDE, *avançant un fauteuil.*

Tenez, mettez-vous là, près du feu.

FIRMIN.

Merci, ma bonne.

LES BRIGANDS DE LA LOIRE.

GERTRUDE.

Voulez-vous vos pantoufles ?

Elle veut lui ôter son chapeau ; il la repousse en souriant.

FIRMIN.

Non, c'est inutile.

GERTRUDE, *avec étonnement.*

Vous allez donc ressortir ?

FIRMIN.

Non. As-tu fait ce dont je t'avais chargée ?

GERTRUDE.

Votre billet pour le capitaine Desmares... il est porté.

FIRMIN.

Bien. Et l'autre ordre que je t'avais donné ?

GERTRUDE.

Le déjeuner ? il est à la broche, et dans un instant...

FIRMIN.

A merveille... (*On entend de nouveau frapper plusieurs coups dans la pièce à côté.*) Qu'y a-t-il donc là dedans ?

GERTRUDE.

C'est Robert.

ROBERT, *dans la chambre.*

Ah! ah! touché!

FIRMIN.

Mais ce bruit...

GERTRUDE.

C'est comme ça depuis que vous êtes parti... pour se distraire il fait des armes tout seul.

FIRMIN, *souriant.*

C'est bon signe quand au malade il faut des distractions.

GERTRUDE.

Vous n'avez plus besoin de rien ?

FIRMIN.

Non.

Elle sort.

SCÈNE IV.

FIRMIN, *seul, la regardant sortir.*

Excellente femme ! Ici comme devant l'ennemi, dévouée, attentive et fidèle... Allons, tout va bien. (*Nouveau bruit plus fort dans la chambre.*) Ah ça, il va tout briser...

Il fait quelques pas vers la porte de la chambre où est Robert. Ce dernier entre, ouvrant brusquement la porte d'un coup de fleuret dont la pointe se trouve vis-à-vis de la poitrine de Firmin, qui recule.

SCÈNE V.

FIRMIN, ROBERT.

ROBERT, *se fendant à fond sur Firmin.*

Ah ! ah ! touché !

FIRMIN, *reculant.*

Halte-là !... Que diable ! prends donc garde....

ROBERT.

Enfoncé ! docteur !

Il entre en scène avec la robe de chambre de Firmin, et le bras droit en écharpe.

FIRMIN.

Un peu plus tu me crevais l'œil. Quelle diable d'idée t'a pris là ? à peine si tu es remis et si je te permets de te lever...

ROBERT.

Que veux-tu ? c'est que je suis pressé... et je m'exerce.

FIRMIN.

De la main gauche ?

ROBERT.

Pourquoi pas ? la droite est en serre-file pour le moment, vu l'accident... mais comme la gauche est bonne, je l'entretiens à cet usage.

FIRMIN.

Y penses-tu ?

ROBERT.

Si j'y pense !... je le crois parbleu bien !... Tu peux te vanter de m'en avoir sorti d'une belle... Trois pouces de fer, rien que ça... A peine en garde, j'ai le bras cloué sur la poitrine... Il n'y allait pas de main morte ce gredin-là ! mais c'est égal, me voilà levé et je le repincerai. Il n'a que la première manche, nous avons la seconde à jouer.

FIRMIN.

Encore un duel ! mais cet homme est plus habile que toi, il te tuera.

ROBERT.

Jamais ! Est-ce que nous n'avons pas ce coup de malin que tu m'as appris au régiment ? (*Il se met en garde de la main gauche.*) C'est pourtant drôle que j'aie été blessé sur ce coup-là. (*Il fait deux appels du pied.*) Une, deux... coupé dessus et...

Il se fend.

FIRMIN, *vivement.*

Et on se fait tuer, malheureux !

ROBERT, *se relevant.*

Hein ! qu'est-ce que tu dis donc ?

FIRMIN.

Je ne m'étonne plus s'il t'a blessé.

ROBERT.

Au diable la faculté ! je n'ai plus besoin de médecin... en avant le maître d'armes !... Tu dis donc que je me ferais tuer.

FIRMIN, *se mettant en garde.*

Cent fois pour une... En garde ! une, deux,... feinte de coupé dessus, dégagé vivement et à fond.

ROBERT.

C'est pourtant vrai, sacré nom... c'est la feinte que j'oubliais. Je tiens mon homme !... Feinte de coupé dessus et à fond...

A ce moment la porte du fond s'ouvre, et Alfred paraît, conduit par Gertrude.

SCÈNE VI.

Les Mêmes, ALFRED et GERTRUDE.

GERTRUDE.

Le voilà ! le voilà !

ROBERT et FIRMIN.

Alfred !

Ils vont à sa rencontre.

ALFRED, *entrant.*

Mes amis !

Il a l'air souffrant.

FIRMIN.

Fidèle à ta promesse... Merci !

ALFRED.

Ensemble ! Ah ! votre main ! encore votre main !

FIRMIN, *à Gertrude.*

Et maintenant hâte-toi de nous servir...

ROBERT.

Vite à la cantine !

GERTRUDE.

Dans un instant.

Elle sort.

SCÈNE VII.

FIRMIN, ROBERT, ALFRED.

ALFRED.

Robert... enfin te voilà donc guéri !

ROBERT.

Est-ce qu'il pouvait arriver qu'un coup d'épée nous séparât, quand si longtemps la mitraille ne l'a pas fait ? Et puis... (*montrant Firmin*) trouvez-moi donc un chirurgien comme ça ? plus qu'un ami... plus qu'un frère...

FIRMIN.

Quoi ! j'ai fait mon devoir.

ROBERT.

Ton devoir ? Il appelle ça son devoir ! Me donner ton lit, ne pas me quitter d'un instant, et me parler, pour me guérir plus vite, de tout ce que j'aime... de toi, Alfred, et de nos vieilles guerres ! Si je n'avais pas guéri avec tout ça... mais sacrebleu ! c'eût été de l'ingratitude !...

ALFRED.

Et tu m'accusais peut-être ?!

ROBERT.

Allons donc ! est-ce que Firmin ne m'a pas tout dit... ton arrestation après la querelle à la Montansier...

ALFRED.

Ah ! oui, cette querelle que je n'ai pu comprendre... cette dispute avec le baron Ferral... Et pourquoi ?

ROBERT, *embarrassé.*

Parce que... parce qu'on nous appelait des brigands... et que ce mot-là, vois-tu...

ALFRED.

Et tu ne t'es battu que pour cela ? rien que pour cela, tu me le jures ?

ROBERT, *toujours embarrassé.*

Oui.

ALFRED.

Dieu le veuille !... (*A part.*) Si c'était pour moi !...

ROBERT.

Ne parlons plus de ça. (*A Alfred.*) Mais comme tu as l'air soucieux !...

FIRMIN.

En effet, ces traits altérés !...

ALFRED.

C'est que j'ai bien souffert, et que ma blessure, mon pauvre Firmin, n'est pas aussi facile à guérir que celle de Robert.

FIRMIN.

Hélas ! oui.

ALFRED.

Marie... le comprenez-vous bien ! Marie bientôt la femme d'un autre ! Marie qui a refusé de me voir et de m'entendre...

ROBERT.

Et dire que tout cela tient à un coup mal engagé !...

FIRMIN.

Allons, du courage, Alfred !

ALFRED.

Du courage !... mais je n'en ai plus... la pensée de cet odieux mariage est toujours là présente à mes yeux, elle me revient incessante et fatale. Oh ! vous ne pouvez comprendre toutes les tortures qui me dévoraient, et je ne pouvais briser mes barreaux, je ne pouvais aller me jeter sur son passage et lui rappeler ses serments parjures et ses promesses menteuses, je ne pouvais aller la disputer à cet homme... et quand, libre enfin, je cours à son hôtel, repoussé, chassé par ses gens !

ROBERT, *à part.*

Pauvre Alfred !... Et j'étais là dans mon lit !...

ALFRED.

Savoir la femme qu'on aime aux bras d'un autre, c'est un supplice de chaque jour, de chaque heure... il faut en devenir fou ou mourir, car il est au-dessus de mes forces.

ROBERT.

Ah ! pas de bêtises !

FIRMIN.

Ne te laisse pas abattre ainsi, Alfred... sois homme !

ROBERT, *à part.*

Feinte de couper dessus.

SCÈNE VIII.
Les Mêmes, GERTRUDE.

GERTRUDE, *entrant par le fond.*
Vous êtes servis.

FIRMIN.
A table.

ROBERT.
Adopté! (*A Gertrude.*) As-tu soigné le liquide? le temps du carême est passé. Honneur au capitaine!

ALFRED.
Je n'ai pas faim, Robert.

ROBERT.
Ça viendra en buvant. Verse, Gertrude.

FIRMIN.
Robert, pas d'imprudences.

ROBERT, *se retournant du côté du buste de l'empereur, qu'il salue.*
A la santé de l'ancien! (*Il boit.*) Ce n'est pas ce verre-là qui peut me faire du mal.

GERTRUDE.
Il a raison.

Elle est debout, et verse.

FIRMIN, *entraînant Alfred à la table.*
Allons, Alfred! je te l'ai dit : du courage... quitte cet air soucieux qui attriste notre joie, et prends comme autrefois part à nos plaisirs.

ALFRED.
Je ne le puis.

FIRMIN.
Fais-moi raison. A ton bonheur!

ALFRED.
A notre amitié, que rien ne pourra rompre.

Ils boivent tous.

ROBERT.
Ma foi, on est bien ainsi. Gertrude, encore un coup.

FIRMIN.
Assez, Robert. Ce n'est plus l'ami, c'est le médecin qui parle.

ROBERT.
Ah! bah! encore un...

On entend un coup de sonnette.

ALFRED.
On a sonné!

ROBERT.
Que le diable emporte celui qui nous dérange!

FIRMIN, *se levant.*
Vous permettez, mes amis?

ROBERT.
Comment donc! la consigne avant tout. Sacrebleu! pas de déjeuner. Ah! bah! c'est égal, plus tard. Alfred, un coup de main.

Il enlève la table, aidé d'Alfred et de Firmin, et la place sur un des côtés. Gertrude disparaît.

SCÈNE IX.
FIRMIN, ROBERT, ALFRED, *puis* GERTRUDE.

ROBERT.
C'est dommage, ça commençait à bien aller.

GERTRUDE, *entrant et courant parler bas à Firmin.*
Monsieur, il y a là une dame qui veut vous parler.

FIRMIN.
Une dame! Fais entrer. Laissez-moi, mes amis.

ROBERT.
Viens dans ma chambre, Alfred.

FIRMIN.
A bientôt.

ROBERT, *à part.*
Je ne serai pas fâché de repasser ma leçon avec lui!

Il entraîne Alfred, et sort avec lui.

SCÈNE X.
FIRMIN, MARIE.

FIRMIN.
Comment! c'est vous!...

MARIE.
Oui, c'est moi, docteur; il m'a bien fallu venir jusqu'ici, puisque mes lettres sont restées sans réponses, puisque, malgré mes prières, malgré mes sollicitations, vous avez refusé de me voir.

FIRMIN.
Je dois être franc avec vous, Marie : tant que je vous ai crue dominée par la volonté de votre mère, je me suis fait une loi de vous prêter mon appui et de vous entourer de mes consolations... mais depuis que j'ai reconnu que vous n'obéissiez pas à une influence étrangère, et que c'était librement et de votre propre volonté que vous sacrifiez Alfred...

MARIE.
Eh quoi! vous aussi, Firmin... Qu'Alfred, aveuglé par la passion, que Robert, entraîné par sa vivacité, sans réflexions, m'aient condamnée tous deux, je le conçois... mais vous, plus calme, plus habitué à lire dans les secrets de la pensée, comment ne vous êtes-vous pas dit : Pour que Marie agisse ainsi, il faut qu'un terrible motif l'y force... Moi qui aimais d'un amour si franc et si sincère, moi qui avais solennellement juré de n'être jamais qu'à Alfred, quelques semaines plus tard je le repoussais... ma mère, émue de ses souffrances, se déclare en sa faveur, elle va jusqu'à me solliciter de renoncer aux projets qu'elle avait formés... je résiste à ses prières, aux vôtres, Firmin, et dans tout cela vous n'avez vu qu'un caprice de femme?

FIRMIN.
Mais alors...

MARIE.

Ah! c'est qu'il y a une horrible fatalité qui pèse sur ma vie... il faut que je sois la femme du baron Ferral... Longtemps j'ai cru que j'aurais assez de forces pour accomplir ce sacrifice, mais au moment d'immoler ma liberté, je me suis sentie défaillir, et regardant mon malheur en face, je me suis demandé s'il n'y aurait pas moyen de me soustraire à cette cruelle nécessité ; c'est pour cela, Firmin, que j'ai voulu prendre conseil de vous.

FIRMIN.

Parlez... parlez, Marie!

MARIE.

Le mariage doit se célébrer aujourd'hui même.

FIRMIN.

Aujourd'hui!

MARIE.

A quelques lieues de Paris, à la maison de campagne du baron.

FIRMIN.

Qu'entends-je?

MARIE.

Ce qu'il faut que ni Robert ni Alfred ne sachent... J'ai fait tout pour qu'ils l'ignorent, car le bruit et l'éclat ne pourraient qu'aggraver mon malheur!

FIRMIN.

Continuez.

MARIE.

Eh bien! mon ami, quelque avancé que soit ce mariage, je puis encore le rompre... Ecoutez-moi donc, et quand vous aurez entendu l'étrange récit que j'ai à vous faire, vous m'approuverez, Firmin, ou vous me condamnerez, et votre décision sera ma loi.

SCÈNE XI.
Les Mêmes, ALFRED et ROBERT.

ALFRED, *s'élançant dans la chambre.*

Que te disais-je? Robert... c'est elle, j'avais reconnu sa voix!

ROBERT, *en uniforme ; la manche droite de l'habit est fendue et le bras en écharpe.*

Mademoiselle Marie!... ah! sacrebleu, voilà qui nous annonce quelque chose de bon... Merci, mademoiselle, merci d'être revenue... vous savez bien qu'il ne peut pas vivre heureux sans vous.

MARIE, *à part.*

Ils étaient là!

ALFRED.

O mon Dieu! mais cet air contraint et embarrassé... De grâce, Marie...

MARIE.

Laissez-moi, Alfred!

ALFRED.

Eh quoi?

MARIE.

Ce n'est pas vous que je venais chercher ici.

ALFRED.

Oh! oui, vous ne vous attendiez guère à ma présence, n'est-ce pas?... c'est que Dieu a voulu que tout ne fût pas joie pour vous, en ce jour... et qu'il m'a jeté sur votre chemin au moment de marcher à l'autel, pour que vous pussiez entendre mes reproches, et que vous fussiez témoin de ma douleur.

MARIE.

Vous parlez de votre douleur, Alfred! et la mienne?... vous ne pourriez comprendre tout ce que j'ai souffert.

ALFRED.

Ce mariage, c'est vous qui le voulez?

MARIE.

Nul ne saura jamais tout ce qu'il y avait là d'angoisses et de tortures... non, jamais!

SCÈNE XII.
Les Mêmes, GERTRUDE, LE BARON.

GERTRUDE, *paraissant.*

Monsieur le baron Ferral!

Elle sort aussitôt.

ROBERT, *à Alfred.*

Lui!

A ce nom ils se retournent vivement et font un mouvement vers la porte du fond. Marie recule frappée d'effroi.

FIRMIN, *se plaçant entre Alfred et Robert.*

Arrêtez!... monsieur le baron est ici chez moi...

LE BARON, *sur le seuil.*

Merci, monsieur Firmin...

ROBERT, *s'approchant du Baron et à voix basse.*

Ce n'est pas moi que vous comptiez trouver ici... Ah! dam... les vieux lapins de mon espèce, c'est difficile à tuer.

LE BARON, *haut.*

Je savais vous y rencontrer, ainsi que le capitaine et mademoiselle de Chevilly.

MARIE.

Croyez, monsieur le baron...

LE BARON.

Oh! je sais trop que mademoiselle de Chevilly est incapable de manquer à ses promesses.

ALFRED.

C'est pourtant ce qui arrivera!

ROBERT.

Oui... car, morbleu!... (*Montrant Marie.*) Regardez-la donc!... ne voyez-vous pas comme elle est pâle et tremblante? et nous souffririons qu'elle vous fût sacrifiée sans savoir ni pourquoi ni comment?... Oh! non pas, s'il vous plaît... nous ne sommes plus au temps où on mariait les filles malgré elles... Il y a des lois, il y a une justice en France... il y a de braves gens qui nous comprendront... et s'il le faut...

LE BARON.

Du scandale !... c'est inutile, messieurs... C'édant aux instances de mademoiselle de Chevilly, j'avais résolu de garder un profond silence sur tout ce qui peut vous étonner dans ce mariage... mais puisque le hasard ou ma bonne étoile nous a tous réunis... je profiterai de cette circonstance pour détruire irrévocablement les dernières espérances de monsieur le capitaine Desmares.

ALFRED.

Et que pouvez-vous dire ?

LE BARON.

Un seul mot, et vous partagerez ce que vous appelez la résignation de mademoiselle de Chevilly.

ROBERT.

Vivement !... alors...

LE BARON.

Apprenez donc...

MARIE, au Baron.

Arrêtez !

ALFRED, à Marie.

Encore vous entre cet homme et moi !

LE BARON.

Le capitaine a raison ; il est temps d'éclaircir tout ce mystère.

MARIE, au Baron.

Monsieur ! au nom du ciel, pas un mot !

LE BARON, froidement.

Et pourquoi cela ?... Vous m'accusez, monsieur, d'avoir traversé vos projets, vous me regardez comme l'insigne obstacle qui vous sépare de mademoiselle de Chevilly... Il en est un autre plus puissant...

ALFRED, à Robert.

Un autre !...

LE BARON.

Je cesserais d'exister aujourd'hui, que vous ne pourriez jamais être l'époux de Marie.

Mouvement général.

MARIE, à part.

Oh ! non... jamais.

ALFRED, à Marie.

Cependant, tout à l'heure...

FIRMIN.

Ce conseil que vous veniez me demander....

Le Baron tire lentement de sa poche un écrit cacheté et le montre à Marie, qui frémit ; stupéfaction des amis à cette vue.

MARIE, avec émotion.

Oh ! j'étais insensée... la présence de monsieur le baron m'a rendu ma raison... toute union entre nous est impossible !

ROBERT.

Ah ! mademoiselle Marie !... Ami... pauvre ami...

MARIE.

Je suis prête, monsieur... j'obéirai. (*Le Baron resserre son écrit.*) J'obéirai... (*Bas.*) Mais ce secret... il m'appartient !

LE BARON, bas.

Au pied de l'autel.

MARIE, avec exaltation.

Oh ! partons !... partons !

Le Baron lui donne la main ; elle l'entraîne.

TOUS.

Marie !... Marie !...

Elle sort avec le Baron, avec un geste de désespoir, après avoir jeté un dernier regard à Alfred.

SCÈNE XIII.

FIRMIN, ROBERT, ALFRED.

ALFRED.

Oh ! je percerai ce mystère !

FIRMIN.

Partie !...

ROBERT.

Ah ça, mais c'est donc le diable en personne, que ce gredin-là ?

FIRMIN.

Sa brusque apparition... ce papier dont la vue seule a fait trembler Marie...

ALFRED.

Et qui semble contenir nos destinées à tous deux... Quel que soit cet écrit, je le connaîtrai.

Il se dirige vers le fond.

ROBERT.

Où cours-tu ?

ALFRED.

Au revoir, mes amis... au revoir !

Il sort en courant. Firmin le suit.

FIRMIN.

Je ne te quitte pas dans un pareil moment.

SCÈNE XIV.

ROBERT, seul, voulant les suivre.

Alfred ! Firmin ! Ah ça, est-ce qu'ils croient que je vas rester là comme un invalide ?

Il se dirige vers la porte.

SCÈNE XV.

ROBERT, MARTIAL.

MARTIAL, passant sa tête par la porte entrebâillée.

Peut-on entrer ?

ROBERT, avec humeur.

Au diable !...

MARTIAL.

J'ai à vous parler.

ROBERT.

Eh bien ! tu repasseras, je n'ai pas le temps de causer.

MARTIAL, l'amenant à l'avant-scène.

Il y a du nouveau, mon ancien.

ROBERT.

Du nouveau... alors, parle vite.

Il redescend la scène.

MARTIAL, allant au fond.

Minute ! que je voie si le vertueux Calas, mon

cauchemar, n'est pas sur mes talons!... Cet animal-là ne me quitte pas plus que mon ombre... je le vois partout, jusque dans ma soupe. (*Il revient.*) Personne!

ROBERT.

Eh bien!...

MARTIAL.

C'est une fameuse idée, tout de même, que vous avez eue de me faire entrer chez le baron Ferral comme palefrenier.

ROBERT.

Et nos soupçons?

MARTIAL.

Je vous ai déjà dit que chaque fois que dans l'écurie j'allais m'asseoir sur un banc près du râtelier, un homme était toujours là sur mes pas, épiant ma conduite, et me fichant des calottes chaque fois qu'il me voyait assis sur cette pierre.

ROBERT.

Oui, cet homme, c'est ce Calas, l'ami et le confident du baron.

MARTIAL.

Juste... ses yeux me suivaient donc sur ce banc avec inquiétude et semblaient me dire : Il y a quelque chose là-dessous. Ça m'a donné une idée, et cette nuit je me suis laissé enfermer dans l'écurie.

ROBERT.

Après?

MARTIAL.

J'ai tant fait, que sous une des pierres que j'ai soulevées, j'ai trouvé ces papiers.

Il lui en donne un tout ouvert.

ROBERT.

Et qu'est-ce qu'il y a là-dessus?

MARTIAL.

Je ne les ai pas lus...

ROBERT.

C'est juste... tu ne sais pas... donne.

Il les parcourt.

MARTIAL.

Ça doit être du chenu, c'était trop bien caché.

ROBERT, *avec un cri.*

Qu'ai-je vu?... Est-il possible?... Alfred! Alfred!

SCÈNE XVI.

LES MÊMES, GERTRUDE, *qui accourt au bruit.*

GERTRUDE.

Qu'est-ce qu'il y a donc?

MARTIAL, *à Robert, reculant.*

Vous m'avez fait peur.

ROBERT.

Il est sauvé!

MARTIAL.

Qui?

ROBERT.

Alfred.

GERTRUDE.

Quoi! ce mariage...

ROBERT.

Voilà de quoi l'empêcher... Je cours rassurer Marie.

GERTRUDE.

Malgré votre blessure?

ROBERT.

Gertrude, donne-moi mon casque et mon sabre.

GERTRUDE.

Voilà!

ROBERT.

Toi, Martial, cours me chercher un fiacre; nous allons à l'hôtel de la marquise.

ACTE QUATRIEME.

Un salon riche, chez le baron Ferral. Porte au fond, donnant sur une galerie; portes à droite, à gauche et au fond. Portes à droite et à gauche du spectateur, celle de gauche donnant chez Marie ; fauteuils, table placée à la gauche du spectateur, des bougies allumées sont placées sur la table avec une sonnette, plumes, papier, encrier.

SCÈNE PREMIÈRE.

LE BARON, PLUSIEURS INVITÉS.

Parmi eux un Officier supérieur d'état-major. Dans la galerie du fond, mouvement d'un bal.

LE BARON.

Merci, mille fois, messieurs, d'avoir bien voulu honorer cette fête de votre présence, vous surtout, monsieur le maréchal... (*Le Maréchal s'incline.*) Mais j'entends l'orchestre, le bal s'anime et tourbillonne... liberté tout entière, messieurs; l'or couvre les tapis, la danse vous appelle, permettez que je vous livre à vous-mêmes; je me dois à tout le monde et surtout à ma femme...

Le Maréchal serre la main du Baron et sort avec les Invités par différents côtés. Le Baron va faire comme eux, quand Loriquet paraît au fond et ramène en scène le Baron.

SCÈNE II.

LE BARON, LORIQUET.

LORIQUET.

Elle en vaut bien la peine...

LE BARON.

Oh! oui, n'est-ce pas?... (*L'attirant et lui montrant Marie.*) Regarde, la vois-tu au milieu de cette foule?... au milieu de ces femmes étincelantes de parures?... la plus belle... la plus enviée...

LORIQUET.

Un peu pâle...

LE BARON.

L'émotion d'un pareil jour...

LORIQUET.

Que vous êtes donc heureux, monsieur le baron!...

LE BARON.
Tellement que j'ose à peine y croire... Conçois-tu, tous mes rêves réalisés, toute mon ambition satisfaite... mon honneur mis à l'abri derrière celui de la famille de Chevilly... mon repos, ma tranquillité assurés à jamais?... Oh! c'est maintenant que je pourrai jouir enfin librement d'une fortune acquise au prix de tant de sacrifices!... D'aujourd'hui je respire, j'existe!... Loin de moi la crainte et le remords... mon passé, devant lequel j'ai souvent tremblé en secret, je veux le purifier... j'ai de la fortune, eh bien, je rendrai heureux ceux qui m'entourent...

LORIQUET.
Bravo, monsieur le baron! je suis là... si vous commenciez par moi?

LE BARON.
C'est à quoi j'ai songé... une retraite honorable dans quelque province...

LORIQUET.
Vous quitter, mon respectable maître!...

LE BARON.
Allons, allons... tu acceptes?

LORIQUET.
Au fait, j'ai toujours eu des goûts champêtres...

LE BARON.
De quel pays es-tu donc?... j'ai oublié.

LORIQUET.
L'Europe est ma patrie; je choisirai quelque site pittoresque, une simple métairie où l'on vive d'œufs et de laitage, où on sale pour l'hiver le jambon de l'été... J'aime le chant des oiseaux, le murmure des ruisseaux... je pourrai m'égarer dans la prairie en jouant quelque air champêtre sur mon pipeau léger, pour amasser de l'appétit et tordre le cou en rentrant à la volaille nouvelle; comprenez-vous l'existence?

LE BARON, *fausse sortie.*
Sois tranquille, rien ne te manquera.

LORIQUET, *le retenant.*
Que je puisse seulement vous bénir à raison de quinze ou dix-huit cents livres de rentes par an.

LE BARON.
Tu les auras.

LORIQUET.
Vrai?

LE BARON.
Oui.

LORIQUET.
Eh bien, puisque vous êtes gentil, je veux l'être aussi avec vous... je vous ferai un cadeau...

LE BARON.
Toi!

Il se dirige vers le fond.

LORIQUET.
Oui, oui, quelque chose à quoi vous ne vous attendez pas.

LE BARON, *apercevant Marie.*
Ma femme!... laisse-moi.

Il court au-devant d'elle.

LORIQUET, *à part.*
L'épouse vient à l'époux... touchante sympathie de deux cœurs faits l'un pour l'autre...
Il fredonne: *L'hymen est un lien charmant.*
Courons préparer ma surprise.

Il sort.

SCÈNE III.
LE BARON, MARIE.

LE BARON.
Eh quoi! Marie, vous ici!

MARIE.
Oui, le bruit, la foule... (*A part.*) Oh! l'horrible contrainte!

LE BARON.
Quelle que soit la cause qui vous ait entraînée loin de cette fête, dont vous êtes la reine, je la bénis, puisqu'il m'est permis d'isoler mon bonheur de celui de tous, et de pouvoir vous dire, loin des regards jaloux, combien je suis heureux!...

MARIE.
Croyez, monsieur...

LE BARON.
Savez-vous que je tremble quand je vous regarde, et quand je songe à ce que je suis?... Vous, dans tout l'éclat de la jeunesse et de la beauté, moi presque à l'automne de la vie... Mais que voulez-vous, la passion ne raisonne pas... Je vous aime, Marie, je vous aime de toutes les forces de mon âme... c'est mon premier et mon dernier amour... Vous avez pu juger de sa violence par la lutte que j'ai soutenue contre tous, contre vous-même... Pour vous obtenir, Marie, j'aurais tout bravé!

MARIE.
Ne parlons plus du passé!

LE BARON.
Oui, vous avez raison, Marie; parlons de l'avenir qui s'ouvre devant nous.

MARIE, *avec tristesse.*
De l'avenir...

LE BARON.
Mais quoi! vous répondez à peine!... quelle subite pensée...

MARIE.
Monsieur, qu'exigez-vous de moi?

LE BARON.
Exiger!... oh! non, j'implore... (*Silence de Marie, qui se détourne et baisse les yeux.*) Vous ne m'aimerez donc jamais?... (*Nouveau silence de Marie. Avec amertume.*) Ainsi, une éternelle contrainte dans vos regards, dans vos gestes, dans votre sourire... à moi un bonheur mensonger, à un autre votre pensée, votre âme tout entière... ne pouvoir m'approcher de vous sans me dire: elle ne voit en moi que le maître! (*Changeant de ton.*) Oh! non, non. Marie, n'est-ce pas qu'à force de soins, de tendresse et d'amour, je vaincrai ce cœur rebelle?... n'est-ce pas que tu me laisseras te rendre la plus heureuse des femmes?

MARIE.
A moi du bonheur?... jamais !
LE BARON.
Jamais!... Ah! madame...
MARIE.
Monsieur, vous avez voulu ma main, ma main est à vous...
LE BARON.
Et votre cœur?... (*Silence de Marie. Le Baron avec une fureur concentrée.*) Eh bien, puisque vous le voulez, le malheur que vous me faites, vous le partagerez!... Adieu, madame!... (*Il sort, puis s'arrête.*) Oh! n'être pas aimé!...
Il sort.

SCÈNE IV.

MARIE, *seule, avec explosion.*

Le malheur, a-t-il dit?... Oh! non, le martyre a ses joies... mon cœur brisé se dilate à la pensée d'avoir rempli son devoir... mon front courbé sous la volonté d'un maître se relève avec orgueil en présence du sacrifice achevé... Oh! mais, la mort plutôt que ces horribles liens... de là-haut, je pourrai encore veiller sur Alfred, et lui ne maudira pas ma mémoire... Je lui devais compte de ce que j'ai fait, et grâce à cette lettre que j'ai pu lui faire porter, il sait tout maintenant... Achevons mon œuvre... Le voilà ce fatal écrit que j'ai payé de mon bonheur!... ma main tremble en y touchant, il me brûle et me glace tour à tour... Oh! que personne ne soupçonne jamais... (*Elle approche le papier de la flamme d'une bougie et le jette dans la cheminée, elle le regarde consumer lentement.*) Alfred, combien tu me coûtes cher!...

SCÈNE V.

MARIE, LA MARQUISE.

LA MARQUISE, *entrant.*

Eh quoi! ma fille, seule ici, tandis que la fête te réclame!... Mais, que vois-je?... ces larmes, cette agitation...

MARIE.

Pardon, ma bonne mère, ma force est épuisée, mon courage est à bout... (*Elle se laisse tomber sur un fauteuil.*) Je puis pleurer devant vous... Oh! que je suis malheureuse!

LA MARQUISE.

Je ne te comprends pas!

MARIE.

Oh! non, n'est-ce pas, vous ne comprenez pas, vous ne pouvez comprendre que moi, qui aimais Alfred et qui ai d'abord combattu avec tant d'énergie le projet de ce mariage, qui vient de s'accomplir, que moi, qui vous ai déclaré ensuite qu'il fallait que je fusse la femme du baron Ferral, je pleure et souffre en ce moment?... C'est qu'il y a dans tout cela un horrible mystère, c'est que le fardeau m'est enfin trop lourd à porter à moi seule... (*Mouvement de la Marquise.*) Oui, ma mère, je vous ai menti en vous disant que je me sentais la force de ne plus aimer Alfred... je vous ai menti en vous disant que j'étais heureuse de l'union que vous aviez rêvée pour moi...

LA MARQUISE.

Que dis-tu?... Mais lorsque effrayée moi-même du caractère mieux connu du baron, je t'ai dit : « Marie, je n'insiste plus, je n'ordonne plus... si cette union doit faire ton malheur, elle ne s'accomplira pas. » Pourquoi alors as-tu repoussé mes instances?

MARIE.

C'était mon devoir.

LA MARQUISE.

Ton devoir!... Parle, explique-toi!

MARIE.

Ma mère, si à mon âge on fût venu vous dire: Un lâche assassinat a été commis dans la famille... ton père est tombé sous le poignard d'un meurtrier... et ce meurtrier qu'on n'a pu découvrir jusqu'ici...

LA MARQUISE, *avec effroi.*

C'était?...

MARIE, *avec hésitation.*

C'était... le père d'Alfred...

LA MARQUISE.

Mon frère!... Malheureuse! qu'oses-tu dire?

MARIE.

La vérité!

LA MARQUISE.

Mensonge et infamie!

MARIE.

J'aimais Alfred, mais il fallait le sauver du déshonneur... le baron possédait les preuves du crime ; je n'ai pas hésité alors, et pour les lui arracher, j'ai dû m'immoler.

LA MARQUISE.

Les preuves!... où sont-elles?

MARIE.

Anéanties.

LA MARQUISE.

Comment?

MARIE.

La flamme les a dévorées... Comprenez-vous maintenant pourquoi j'ai cédé à vos vœux après cet entretien secret réclamé par le baron à notre arrivée à Paris?... pourquoi j'ai étouffé mon amour?... pourquoi j'ai renoncé à Alfred?... pourquoi enfin je suis la plus malheureuse des femmes?

LA MARQUISE.

Pauvre enfant!

MARIE.

N'est-il pas vrai que l'héritière des Chevilly devait payer de son bonheur et de sa vie l'honneur de son nom?

LA MARQUISE, *saisissant avec larmes une des mains de Marie qu'elle embrasse.*

Et tu t'es dévouée, ma fille... (*elle s'incline*) tu as eu ce courage?...

MARIE.
Ma mère?
LA MARQUISE.
Oh! laise-moi te bénir et t'admirer!
MARIE, *tombant à genoux.*
Ma bonne mère!
LA MARQUISE.
Dans mes bras, pauvre victime!
MARIE, *se dégageant brusquement.*
On vient!... Que nul ne sache jamais, ma mère, tout ce qu'il y a de honte et de douleurs entre nous!

SCÈNE VI.
LES MÊMES, UN DOMESTIQUE.

LE DOMESTIQUE, *entrant avec mystère.*
Madame la marquise...
LA MARQUISE.
Qu'est-ce?
LE DOMESTIQUE.
Un militaire est là qui vous demande et veut absolument vous parler.
LA MARQUISE.
A-t-il dit son nom?
LE DOMESTIQUE.
Monsieur Robert.
LA MARQUISE, *après un mouvement.*
Robert!
MARIE, *à part.*
Que vient-il faire ici?
LA MARQUISE.
Faites entrer sur-le-champ.
LE DOMESTIQUE, *l'annonçant.*
Le voici.

Il sort.

SCÈNE VII.
MARIE, LA MARQUISE, ROBERT.

ROBERT, *entrant en uniforme et le bras droit en écharpe.*
Excusez-moi, mesdames... Il y a deux heures que je rôde inutilement autour de la maison sans pouvoir vous parler. Il paraît que vous donnez une fête! Tant mieux, je vous apporte le bouquet.
MARIE.
Que signifie...?
ROBERT.
Ça signifie, mamzelle, que nous avons trouvé le pot aux roses, et que, malgré toutes ses manigances, vous n'épouserez pas ce gueux de baron.
LA MARQUISE.
Robert!
ROBERT, *tirant les papiers de Martial.*
Oh! ça y est, voilà le paquet. Lisez.
LA MARQUISE, *les parcourant.*
Ciel! qu'ai-je lu?

Elle se laisse tomber sur un fauteuil, se cache la figure dans ses mains en sanglottant et laisse rouler à terre le papier.

MARIE, *courant à sa mère.*
Ma mère!... (*Elle ramasse le papier et le parcourant vivement, pousse un cri d'horreur.*) Ah! Elle se cache la figure près de sa mère et sur son sein.
ROBERT, *tranquillement.*
Eh bien! quand je vous disais qu'il ne serait pas votre mari!...
MARIE, *avec larmes.*
Malheureux! je suis sa femme!...
ROBERT, *avec explosion.*
Sa femme!... Ah! qu'est-ce que j'ai fait là?... Quoi! cette fête, c'est la noce!... Si j'avais su plus tôt!...
LA MARQUISE, *se levant vivement.*
Oh! le misérable!...
MARIE.
Et c'est lui qui osait accuser d'un tel crime...
ROBERT.
Accuser qui?
LA MARQUISE.
Mon frère!
ROBERT.
Le comte Desmares! le père d'Alfred!... (*Avec menace.*) Ah! parbleu, je ne me repens plus de rien.
MARIE.
Et j'appartiens à cet homme! et j'ai payé de mon bonheur cet infâme mensonge!...
LA MARQUISE.
Ma fille, vous ne pouvez rester ici... une séparation éternelle.
MARIE.
Oh! oui, fuyons de cette maison.
ROBERT.
Et lui? Eh bien! ça va donc se passer comme ça?...
LA MARQUISE.
Oh! vous avez raison, Robert... il faut venger la mémoire de mon frère! je le veux... mais je veux une vengeance certaine. Rentrons, ma fille... viens tout préparer pour notre départ.
ROBERT.
Oui, madame la marquise, l'essentiel est de vous mettre d'abord loin de ses griffes.
LA MARQUISE, *entraînant sa fille.*
Viens.
MARIE.
Et s'il osait...
ROBERT.
Oh! ne craignez rien! je suis là, et je vous réponds qu'il n'arrivera pas jusqu'à vous.
LA MARQUISE.
A bientôt, Robert.

Elles rentrent dans l'appartement de Marie, Robert les reconduit.

SCÈNE VIII.
ROBERT, *puis* UN DOMESTIQUE *et* LORIQUET.

ROBERT, *seul.*
Ah! mon gaillard! à nous deux maintenant!... (*Il sonne, un Domestique paraît.*) Dis à ton maître qu'il y a ici quelqu'un qui l'attend.
Le Domestique sort, Robert s'étale dans un fauteuil.

LORIQUET, *entrant sans voir Robert.*
Mes papiers disparus! que dire au baron?... (*Apercevant Robert.*) Le grognard ici... l'autre qui vient!... Ah! parbleu! je saurai ce qui va se passer.
Il se cache dans un cabinet.

SCÈNE IX.
ROBERT, LE BARON.

LE BARON, *entrant au fond et sur le seuil.*
Robert!

ROBERT.
En personne. Entrez donc, monsieur le baron.

LE BARON.
Comment se fait-il qu'on vous ai laissé pénétrer ici?

ROBERT.
Vous ne m'aviez pas invité à la noce, et ma visite vous dérange, n'est-ce pas? Mais je suis ici avec l'agrément de madame la marquise, et j'ai à vous parler.
Il va mettre les verroux.

LE BARON.
Que veux dire ceci?

ROBERT, *froidement.*
Que je prends mes précautions. (*Il revient près du Baron, lui avance un fauteuil et lui fait signe de s'y asseoir; le Baron reste debout. Lui frappant sur l'épaule.*) Dis donc, Lambourdois.

LE BARON, *frémissant à ce mot, regarde Robert avec terreur et s'assecit sous la pression de la main de Robert en répétant à voix basse.*
Lambourdois!

ROBERT.
Que faisais-tu à Chevilly la nuit du 6 mai 1793?

LE BARON, *d'une voix sourde.*
La nuit du 6 mai?

ROBERT, *s'asseyant aussi et approchant son fauteuil de celui du Baron, qui instinctivement a reculé le sien.*
Je vais te le dire, moi.

LE BARON, *à part.*
O ciel!

ROBERT.
Tu habitais dans ce temps-là au château de Chevilly.

LE BARON.
Mais...

ROBERT.
C'est vrai, Lambourdois. Proscrit, sa tête mise à prix, le marquis de Chevilly allait fuir secrètement... Pendant la nuit un homme frappe à sa porte, c'est le fils de l'intendant de sa famille; le marquis tout enfant a joué avec lui; c'est plus qu'un serviteur, plus qu'un confident, c'est un ami. Aussi le marquis a compté sur lui, et il a raison, n'est-ce pas, Lambourdois?

LE BARON, *à part.*
Et ne pouvoir m'échapper!

ROBERT.
Mais en partant le marquis voit ses biens confisqués; il pense à sa femme, à son enfant, ce pauvre cher homme... Il propose donc à son compagnon d'enfance de lui faire un contrat de vente simulé de ses biens. Le fils de l'intendant accepte et remet au marquis une contre-lettre; ce dernier l'embrasse, puis ils soupent ensemble et se séparent. A peine le marquis est-il couché, un homme se glisse dans l'ombre, arrive jusqu'à lui et lui enfonce un poignard dans le cœur. (*Le Baron se cache la figure.*) Le crime accompli, l'homme reprend sa contre-lettre, et sûr de l'impunité, car personne ne le voit, il sort sans regarder le cadavre. Et cet homme, c'est toi!...

LE BARON, *se relevant.*
Moi!...

ROBERT, *se relevant aussi.*
Oui, toi, misérable!...

LE BARON, *lui sautant à la gorge.*
Malheureux!...

ROBERT, *l'arrêtant.*
Bouge pas! si tu cries, j'appelle toute ta société. N'est-ce pas que c'est bien horrible et bien infâme? car le pauvre prie le ciel pour le morceau de pain qu'on lui donne, le mendiant bénit le nom de celui qui lui jette une aumône, le chien lèche la main qui le nourrit, et toi tu as tué et volé ton bienfaiteur.

LE BARON.
Et quel témoignage peut m'accuser?

ROBERT.
Oui, tu pouvais impunément rejeter le crime sur un autre, tu le croyais! mais Dieu a permis qu'il en restât une preuve.

LE BARON.
Une preuve? c'est impossible!

ROBERT.
Tu la verras quand il en sera temps, et ton mariage sera rompu.

LE BARON.
La marquise ne l'oserait pas... elle reculera devant le scandale.

ROBERT.
Je l'oserai, moi qui ne te crains pas et qui ne dois pas souffrir que la fille ait mis sa main dans celle de l'assassin de son père. Voilà ce que j'avais à vous dire, monsieur le baron. (*Allant ôter les verroux.*) Et à présent je ne vous retiens plus; amusez-vous tout à votre aise. Vous pouvez aller danser... mais je vous préviens que vous ne sortirez pas facilement de l'hôtel, car j'aurai l'œil sur vous.

LE BARON, *l'arrêtant.*
Où vas-tu?

ROBERT, *avec ironie.*

Retrouver ces dames qui m'attendent pour compléter la surprise que nous vous ménageons. Adieu, monsieur le baron Ferral de Lambourdois... adieu... je suis toujours là.

SCÈNE X.
LE BARON, *puis* LORIQUET.

LE BARON, *seul. Moment de silence; il se promène avec agitation.*

Remettons-nous. Si je fuyais, ma fuite elle-même tournerait contre moi. D'ailleurs il me l'a dit, ce Robert, on surveillera mes pas, et ce serait me dénoncer moi-même. Que faire? (*A ce moment Loriquet qui a ouvert doucement la porte, s'approche mystérieusement du Baron.*) Si cette preuve dont il m'a menacé existait?

LORIQUET, *à mi-voix derrière lui.*

Elle existe.

LE BARON, *effrayé, tressaillant.*

O ciel!

LORIQUET.

C'est moi! Je vois ce que c'est. Vous avez cru que c'étaient les gendarmes.

LE BARON.

Qu'as-tu dit?

LORIQUET.

La pure vérité. J'ai tout entendu.

LE BARON, *à part.*

Lui aussi!

LORIQUET.

J'étais là caché, prêtant l'oreille, et c'est fort heureux pour vous, parce qu'à présent nous pourrons nous entendre.

LE BARON.

Je ne te comprends pas.

LORIQUET.

C'est pourtant bien facile. C'est vous qui avez fait le coup... convenez entre nous que...

LE BARON.

Eh bien! mais qui a pu leur révéler ce qui ne s'est passé qu'entre moi et ce Desmares? quel témoin, quelle preuve pourraient m'accuser?

LORIQUET.

Lesquels? Vous souvenez-vous, monsieur le baron, que j'étais alors jardinier du château de Chevilly? c'était avant que nous fissions des affaires ensemble et que vous m'eussiez donné votre confiance, dont je m'honore et que je mérite...

LE BARON.

Au fait!

LORIQUET.

M'y voici. Le soir où le marquis fut trouvé mort dans son lit, j'étais à l'affût dans le parc... J'avais bien vu des lumières et des ombres se mouvoir dans la chambre, mais tout disparut, quand tout à coup (et il pouvait bien être alors sur le coup de quatre heures du matin) il me sembla qu'on ouvrait la fenêtre de la chambre du marquis... puis je vis m'apparaître comme un fantôme sanglant, puis j'entendis un gémissement plaintif, et tout rentra dans le silence. Effrayé d'abord, j'allais fuir, quand je me ravisai... Je pris mon courage à deux mains, je saisis mon fusil et je montai par l'escalier dérobé. Oh! dam! celui qui avait fait le coup n'avait pas tout prévu...

LE BARON.

Achève!...

LORIQUET.

J'entre, et à mes pieds je vois un homme agonisant qui me dit : Tu seras mon vengeur!

LE BARON.

Toi!

LORIQUET.

Moi-même. « Une plume, de l'encre! » me dit-il... Je soutins son bras, je guidai sa main, qui avait à peine la force d'écrire, et à la lueur d'une lampe que j'avais trouvée dans les appartements, il écrivit ce qui s'était passé, le signa, me le remit, et...

LE BARON.

Mais cet écrit?...

LORIQUET.

Je le gardai. Ma première pensée fut d'accomplir sa dernière volonté; mais je me dis : Les morts n'ont besoin de rien; gardons ça pour m'en faire un morceau de pain dans mes vieux jours, et je le conservai.

LE BARON, *à part.*

Bien!

LORIQUET.

Je savais bien qu'un homme de votre trempe devait tôt ou tard arriver à quelque chose, et c'est pour cela que je ne vous ai jamais perdu de vue.

LE BARON.

Je saurai récompenser ton dévouement, mais l'essentiel est de mettre ce papier à l'abri... Fais ton prix, et quel qu'il soit...

LORIQUET.

J'entends bien...

LE BARON.

Tu hésites?...

LORIQUET.

Du tout, mais il y a une petite difficulté.

LE BARON.

Je les aplanirai toutes; parle!

LORIQUET.

Je vous en défie, car aujourd'hui même, au moment où j'allais vous apporter le cadeau en question, car c'était ça... j'ai été volé.

LE BARON, *avec effroi.*

Volé!

LORIQUET.

L'écrit tracé par le marquis est entre leurs mains.

LE BARON, *tombant accablé.*

Malheur! malheur!

LORIQUET.

Et c'est ce coquin de Martial que je soupçonne; aussi, s'il me tombe sous la main...

LE BARON, *se levant vivement.*

Il n'y a plus à hésiter, il faut fuir.

LORIQUET, *bas.*

Fuir !... pas du tout, il faut ravoir ces papiers, et ce n'est pas en courant la poste...

LE BARON.

S'ils allaient agir sur-le-champ?

LORIQUET.

Nous auraient-ils laissés libres ?

LE BARON.

Tu as raison.

LORIQUET, *allant au fond.*

Le bal finit.

LE BARON.

Viens dans mon cabinet nous concerter tous deux, et si nous réussissons, ta fortune est faite.

LORIQUET.

Amen ! je ne l'aurai pas volée !

LE BARON.

En tout cas, s'ils tentaient de m'arrêter, je vais préparer mes armes.

LORIQUET.

Un pistolet dans la poche est une bonne précaution; on ne sait pas...

Ils sortent par une porte de dégagement. Pendant la sortie du Baron et de Loriquet, on a vu beaucoup de mouvement au fond. Ce sont les Invités qui se retirent.

SCENE XI.
LA MARQUISE, ROBERT, *puis* MARTIAL.

LA MARQUISE, *sortant avec Robert de la chambre de Marie, indique à Robert d'appeler Martial; celui-ci va à la porte de droite.*

Oui, ma fille, dans quelques instants, à la petite porte du parc... (*Elle descend la scène, rêveuse.*) Quant à vous, Robert...

ROBERT.

Convenu... je vais me mettre en vedette au pied du petit escalier.

Sur le signe de Robert Martial est entré.

LA MARQUISE.

Maintenant, ce mot à Firmin !

ROBERT.

Eh ben, voici Martial !

LA MARQUISE, *à Robert.*

Croyez-vous que le docteur consente à nous accompagner ?

ROBERT.

S'il y consentira !... et avec lui pas de danger qu'il vous arrive malheur !

LA MARQUISE.

Il me faut quelqu'un de dévoué et de fidèle.

MARTIAL.

En ce cas, madame la marquise a bien fait de compter sur moi.

ROBERT.

Quant à ça, je réponds du petit.

LA MARQUISE.

Vous allez prendre le meilleur cheval de l'écurie...

MARTIAL.

Ça me connaît...

ROBERT.

Et ventre à terre jusqu'à Paris !

LA MARQUISE.

Adieu, Robert; je vais achever mes préparatifs.

ROBERT.

C'est ça, chacun à son affaire ! (*La Marquise sort après un geste d'affection à Robert et de prudence à Martial.*) En route, petit... et bon train !

Fausse sortie.

MARTIAL, *s'arrêtant.*

Ah ça, mon ancien, qu'est-ce qu'il se passe donc ici ?

ROBERT.

Motus ! et décampe !

Il sort par l'escalier dérobé que la Marquise lui a montré.

SCENE XII.
MARTIAL, *puis* ALFRED.

MARTIAL.

Oh ! ma foi, courons...

ALFRED, *ouvrant brusquement la fenêtre de la terrasse.*

Enfin, m'y voici !

MARTIAL, *revenant à lui.*

Mon capitaine !

ALFRED.

Silence !

MARTIAL.

Et comment avez-vous fait pour arriver dans cet appartement ?

ALFRED.

En franchissant les murs du jardin... Mais Marie, où est-elle ?

MARTIAL.

Dans le bal, je pense...

ALFRED.

Ah ! j'arrive donc à temps !...

MARTIAL.

Pardon, mon capitaine...

ALFRED.

Va-t'en, et que nul ne sache...

MARTIAL.

Suffit ! en voilà, du remue-ménage !

Il sort.

SCÈNE XIII.
ALFRED, *puis* MARIE.

ALFRED, *seul.*

Sa liberté pour l'honneur de mon père, m'a-t-elle écrit !... et puis, comme elle ne saurait survivre à ce malheur qu'elle s'est imposé, la mort... Oh ! non, c'est à moi de la sauver d'elle-même !

MARIE, *sortant de sa chambre en costume de voyage.*

Voici l'heure... Alfred !

Elle s'arrête effrayée.

ALFRED.

Ciel ! c'est elle !

MARIE.

Oser pénétrer jusqu'ici!

ALFRED.

Et que n'aurais-je pas bravé pour vous arracher à votre désespoir?... Oh! pardon, Marie, pardon d'avoir pu soupçonner d'une trahison la plus pure et la plus dévouée des femmes! Je tombe à vos genoux, non pour vous parler d'un amour que vous ne pouvez plus écouter, mais pour vous peindre tout ce qu'il y a là, dans mon cœur, d'admiration pour votre sublime dévouement; à vous, qui n'avez pas craint d'engager votre vie pour racheter...

MARIE.

Arrêtez, Alfred; car c'est à moi à m'incliner devant vous, moi qui ai été assez crédule pour me laisser prendre à une infâme calomnie, moi qui ai jeté la honte sur un noble cercueil...

ALFRED.

Que dites-vous?

MARIE.

Votre père n'est pas coupable.

ALFRED.

Mon père!... ah! je le savais bien, moi!... mais l'assassin, quel est-il?

MARIE.

Ne me le demandez pas, Alfred...

ALFRED.

Son nom, Marie!... que je connaisse l'auteur de cette trame horrible, et qu'ensuite justice soit faite!

MARIE.

Elle se fera, bonne et prompte. Je ne veux plus mourir, maintenant, car il faut que je vive pour démasquer et punir le meurtrier de mon père.

ALFRED.

Vous le connaissez donc?

MARIE.

Plus un mot!

ALFRED.

Vous parlerez, Marie, car c'est du sang de votre père qu'il s'agit, c'est de l'honneur du mien... et j'ai le droit d'exiger ma part dans la vengeance.

MARIE.

Eh bien! sachez donc tout, Alfred... L'homme qui a tué et calomnié...

ALFRED.

C'est...

A ce moment la porte s'ouvre et le Baron paraît sur le seuil.

SCÈNE XIV.

Les Mêmes, LE BARON.

MARIE, *l'apercevant, avec effroi.*

Lui!

LE BARON.

Ensemble!

MARIE.

Grands dieux! que va-t-il arriver?

LE BARON.

Merci, madame, du soin que vous prenez de mon honneur.

ALFRED.

Arrêtez, monsieur... c'est à moi de la défendre contre d'indignes soupçons...

LE BARON.

Défendez-vous donc vous-même, monsieur... Qu'êtes-vous venu faire ici?

ALFRED.

Vous demander réparation au nom de mon père...

LE BARON.

Réparation!... (*Il tire des pistolets de sa poche.*) Capitaine Desmares, vous vous êtes introduit furtivement, la nuit, chez moi, comme un voleur!

MARIE, *s'élançant près du Baron.*

Au nom du ciel!

LE BARON, *la retenant d'une main, et de l'autre ajustant Alfred.*

J'ai le droit de vie et de mort sur celui que je trouve à pareille heure... ne le savez-vous pas?

MARIE, *se jetant entre Alfred et le Baron.*

Vous voulez donc l'assassiner, comme vous avez assassiné mon père!

ALFRED.

C'était lui!

Il veut se jeter sur le Baron.

LE BARON, *repoussant Marie, et tenant Alfred en joue.*

Arrière!

Marie pousse un cri, et le Baron tire un coup de pistolet sur Alfred, qu'il ne blesse pas dans sa précipitation à faire feu.

ALFRED, *lui arrachant le pistolet.*

Misérable!

LE BARON, *à Marie.*

Sortez, madame!

MARIE.

Alfred!... qui le sauvera?

SCÈNE XV.

Les Mêmes, ROBERT, Domestiques *et* Invités, *puis* MARTIAL.

ROBERT, *accourant au bruit.*

Moi!

Il entre par la petite porte.

ALFRED.

Robert!

Tout le monde est accouru au bruit.

LE BARON, *à ses gens.*

Cet homme en voulait à mes jours... Voyez! l'arme est encore dans sa main.

ROBERT.

Monsieur le baron, vous en avez menti!

LE BARON.

On voulait que le mari traîtreusement assassiné ne pût suivre les traces de sa femme adultère...

ALFRED, *qui laisse tomber le pistolet.*

Cet homme est un infâme!

LE BARON, *désignant Alfred.*

Saisissez-vous de cet homme.

ROBERT, *couvrant Alfred de son corps, et mettant le sabre à la main.*
Le premier qui avance, je le coupe en quatre.
Il sort avec Alfred.

LE BARON.
Courez sur leurs traces... à tout prix emparez-vous de cet homme !
Les Domestiques courent avec les Invités, le Baron reste seul un instant. Au moment où tout le monde est sorti, Loriquet rentre mystérieusement par la terrasse.

SCÈNE XVI.
LE BARON, LORIQUET.

LORIQUET, *arrêtant le Baron, qui est prêt à courir aussi.*
Un instant ! il y a du nouveau.

LE BARON, *vivement.*
Parle.

LORIQUET.
Madame la baronne est partie.

LE BARON.
Partie !

LORIQUET.
Avec la marquise...

LE BARON.
Oh ! je les retrouverai !

ACTE CINQUIEME.

Même décor qu'au premier acte, moins les baraques de campement et les pièces de canon sur leur affût.

SCÈNE PREMIÈRE.
BLANCHET, PILLEUX, GROSOS, SOLDATS, PAYSANS et PAYSANNES.

Au lever du rideau on aperçoit Blanchet avec un violon; il est assis sous un arbre, près de l'auberge, et les paysans et les paysannes en habits de fête, l'entourent. C'est dimanche. On voit aussi les habitants des environs accourus pour danser au son du violon de Blanchet, et parmi eux, en costumes d'états divers, les Soldats de la Loire du premier acte; les uns sont maçons, charpentiers, d'autres laboureurs, garçons de ferme, etc., etc. Ils sont diversement groupés, et font chorus au refrain, en dansant en rond après chaque couplet. Au fond, une meule de foin.

BLANCHET, *chantant.*
AIR: *C'est un lanla, landerinette.* (Chanson de Béranger.)

Quand la paix répand son baume
Sur les maux qu'on endura,
N'exilez point de son chaume
L'aveugle qui s'égara.
Rappelant après l'orage
Ceux qu'il a pu disperser,
Eh ! lon lan la, gens du village,
Sous mon vieux chêne il faut danser.

TOUS.
Eh ! lon lan la, etc.

Au milieu de la ronde, on voit venir par le fond la Marquise et Marie, accompagnées de Firmin. Ils passent dans les groupes qui s'ouvrent à leur aspect. Les Paysans les saluent avec affection et respect.

SCÈNE II.
LES MÊMES, LA MARQUISE, MARIE, FIRMIN.

LA MARQUISE.
Bonjour, mes amis ; nous sommes heureuses de nous retrouver près de vous.

MARIE.
Oui, vos témoignages d'affection nous touchent.

FIRMIN.
Qui ne vous aimerait pas, madame ? Mais parmi eux je vois une ancienne connaissance.

MARIE.
Comment ?

FIRMIN, *souriant.*
Un brigand de la Loire, comme on nous appelait dans le temps... Tenez, celui qui joue du violon était un de nos plus braves soldats.
Il lui tend la main.

BLANCHET, *la lui serrant.*
Nous l'étions tous, major.

FIRMIN.
Il n'y a plus de major, mon pauvre ami.

BLANCHET.
Comme il n'y a plus de Blanchet, artilleur de la garde ; major, il n'y a plus que Blanchet garde-champêtre de la commune.

FIRMIN.
Et es-tu heureux ?

BLANCHET.
Dam, en travaillant... Quant aux autres vieux...

FIRMIN, *bas, à Blanchet.*
Bien, bien ; nous en parlerons une autre fois.

MARIE.
Nous ne voulons pas interrompre plus longtemps vos plaisirs, mes amis.

LA MARQUISE.
Nous nous chargeons des rafraîchissements.

FIRMIN.
Nous nous reverrons, mon brave.

BLANCHET.
Avec plaisir, major... Allons, les amis ! Ah ! ah ! on dirait que le temps veut se gâter... allons, enfants, rentrons chez nous avant que l'orage n'ait défoncé les chemins... Partons.

FIRMIN.
Venez, mesdames.

MARIE.
Un moment encore, docteur... voici la route de Paris, et vous concevez mon impatience et mon inquiétude.

FIRMIN.
Mais ne craignez-vous pas de vous trop livrer aux regards? le baron peut avoir fait épier nos démarches.

LA MARQUISE.
Au milieu de ces braves gens qui nous sont tout dévoués, je ne crains rien.

MARIE.
Bientôt les portes d'un couvent se fermeront sur moi.

LA MARQUISE.
D'ailleurs n'ai-je pas cet écrit? c'est une arme contre cet homme.

MARIE.
Mais ces nouvelles que Martial nous avaient promises?...

FIRMIN.
Tardent bien... je l'avoue...

MARIE.
Hélas! Alfred, malgré le dévouement de Robert, a été arrêté et emprisonné... et l'absence de Martial... Ai-je encore quelque douleur à supporter?

FIRMIN.
Rassurez-vous, madame... quant à Martial...

~~~~~~~~~~~~~~~~~~~~~~~~~~~~

SCÈNE III.
LES MÊMES, MARTIAL.

MARTIAL, *dans la coulisse.*
Et haïe donc, ma vieille! (*Il entre en scène.*) Haïe donc, Jeannette!

FIRMIN.
Le voilà!

MARIE.
Enfin!

MARTIAL.
Oui, c'est moi.

FIRMIN.
Parle-nous donc de nos amis.

MARTIAL.
Sauvés, major, sauvés!... enfoncées les robes noires.

MARIE.
Sauvés!... Merci, mon Dieu!

LA MARQUISE.
Je vous l'avais bien dit, ma fille.

MARIE.
Alfred!

MARTIAL.
Le capitaine, libre comme vous et moi, et après quelques formalités qui restent à remplir... en route, des chevaux de poste, et fouette cocher pour venir ici.

MARIE.
Robert?...

MARTIAL.
Quant à Robert, depuis que, grâce aux protections de madame la marquise, on l'a relâché, je ne sais pas où il a passé... Mais on aurait dit qu'il s'était donné le mot avec le bourgeois.

MARIE.
Comment?

FIRMIN.
Le baron Ferral?

MARTIAL.
Invisible... Disparu avec son ami, monsieur Télémaque.

FIRMIN.
Eh quoi! pas un soupçon...

MARTIAL.
Un soir, sans rien dire, il est sorti de l'hôtel, et depuis, pas plus de nouvelles de lui que de Robert.

LA MARQUISE.
Aurait-il découvert nos traces?

MARTIAL.
Soyez tranquille, madame la marquise; qu'ils y viennent...

En ce moment le tonnerre recommence avec plus de force.

FIRMIN.
Rentrons, mesdames, car le tonnerre commence à gronder avec plus de force.

LA MARQUISE.
Viens, ma fille.

MARIE.
Au revoir, Firmin... Malgré moi l'approche de cette nuit m'épouvante!

FIRMIN.
Ne craignez rien, si quelque danger vous menaçait, je serais bientôt à votre porte.

MARTIAL.
Moi, je vais dire bonsoir à Jeannette et voir s'il ne lui manque rien.

FIRMIN.
Au revoir, Martial.

MARTIAL.
Oh! je ne serai pas loin, major, en cas que vous ayez besoin de moi.

Il salue respectueusement la Marquise et Marie, qui lui font un signe d'adieu amical, et Firmin lui tend la main, qu'il serre. Les Dames entrent dans l'auberge avec Firmin, et Martial va droit à l'écurie.

~~~~~~~~~~~~~~~~~~~~~~~~~~~~

SCÈNE IV.
LORIQUET, *puis* SES HOMMES.

Au moment où ils disparaissent tous, on voit une tête sortir d'une meule de foin qui est au fond, et quand le théâtre est vide, Loriquet, repoussant les gerbes, paraît tout entier et sort. Il examine à droite et à gauche s'il est bien seul, puis avance avec précaution et va écouter à la porte de l'auberge.

LORIQUET.
Personne!... je n'entends plus rien... (*Il fait quelques pas vers le fond et appelle à voix basse:*) Renard!

UN HOMME, *paraissant d'un des côtés du théâtre.*
Me voici.

Ils sont tous deux vêtus en paysans.

LORIQUET.

Arrivez... Il n'y a pas de danger... plus un chat! (*A ce moment plusieurs hommes mal vêtus et armés sortent successivement de derrière les arbres et les maisons, et viennent se grouper autour d'eux.*) Ah ça, mes enfants, je vous ai réunis pour une petite expédition.

TOUS.

Bravo!

LORIQUET.

Il y a là des gens de ma connaissance, et je sais bien quelqu'un qui payerait gros un certain petit mignon de procès-verbal qui pourrait faire tomber une tête, et que ces gens-là ont entre leurs mains... Ça vous va-t-il?

TOUS.

Oui, oui.

LORIQUET.

Vous le voulez?... Eh bien, je vais reconnaître le terrain.

A ce moment un homme enveloppé d'un manteau s'avance avec précaution et se cache au fond.

SCÈNE V.
Les Mêmes, LE BARON.

LORIQUET, *continuant.*

Vous autres, allez m'attendre ici près, dans la carrière voisine... Les autres sont toujours là?

TOUS.

Oui, oui...

LORIQUET.

Et quand on dormira là-dedans...

TOUS.

Convenu.

LORIQUET.

Allez, mes petits agneaux, et prenez garde aux mauvaises rencontres.

Ils se séparent tous et sortent de différents côtés en se faisant des signes de ralliement. Loriquet les regarde s'éloigner.

SCÈNE VI.
LORIQUET, LE BARON.

LORIQUET, *s'approchant de l'auberge.*

Maintenant à l'ouvrage!

LE BARON, *l'arrêtant.*

Un instant, Loriquet.

LORIQUET.

Ah! vous v'là enfin, monsieur le baron!

LE BARON.

Silence!

LORIQUET.

Soyez tranquille, nous sommes seuls... elles sont là.

Il montre l'auberge.

LE BARON.

Je m'en doutais.

LORIQUET.

Le docteur est avec elles, et Martial vient d'arriver avec des nouvelles.

LE BARON.

Tant pis; elles savent que cet Alfred Desmares est acquitté?

LORIQUET.

Sans doute.

LE BARON.

Et ces papiers que tu m'as promis?

LORIQUET.

Ma foi, je me proposais de les rafler sans vous... Je crois que vous avez raison de craindre qu'une fois votre femme au couvent, la marquise ne veuille vous poursuivre.

LE BARON.

Qui te fait supposer...

LORIQUET.

Quelques mots que j'ai attrapés au vol tout à l'heure là, où j'avais au guet l'œil et l'oreille... Ainsi, pas de temps à perdre!

SCÈNE VII.
Les Mêmes, MARTIAL.

Martial sort vivement de l'écurie et s'arrête aussitôt en apercevant le Baron et Loriquet.

MARTIAL.

Monsieur Télémaque ici... avec le bourgeois... oh! oh!

Il s'avance à pas de loup et se place derrière l'arbre près duquel ils sont à causer.

LE BARON.

Où loge ma femme?

LORIQUET.

Voilà la porte, et de là chez la mère... Moi, je vous débarrasse du docteur.

LE BARON.

Et pour aller jusqu'à la marquise, il faut...

LORIQUET.

Passer chez madame la baronne... Vous devez savoir mieux que moi ce que vous aurez à faire...

Il fait le geste de s'en débarrasser.

LE BARON, *avec effroi.*

Un meurtre!

LORIQUET.

Non, un malheur... Les amis, les anciens, les vrais brigands de la Loire, soit dit de vous à moi, ont reparu depuis quelque temps dans le pays; supposez que, cette nuit ils aient voulu tenter un coup sur cette auberge... où ils savent qu'il y a des gens à la bourse bien garnie...

LE BARON.

Mais où trouver ces hommes?

LORIQUET, *sans l'écouter.*

Supposez qu'on leur a fait de la résistance... qu'ils se sont fâchés... eh bien! femmes et papiers, tout est anéanti... et demain on dit partout que le malheur a été causé par des vagabonds… des soldats sans asile, par ceux que des bêtats appellent toujours des brigands de la Loire, un titre qu'on nous a volé… Ah ça, je me charge de réunir les camarades… (*Silence du Baron.*) Vous hésitez?

LE BARON.

Non, il le faut!

Fausse sortie.
LORIQUET.

Un mot… Robert, vous savez, cet enragé avec qui vous vous êtes battu… eh bien, il est libre… il s'est mis sur nos traces…

LE BARON.

Raison de plus pour nous hâter, va…

LORIQUET.

Dépêchons… Si vous avez besoin de secours, quelques-uns de nos gens sont ici près… vous les payez, ils sont à vous…

LE BARON.

C'est bien, je vais les prévenir.

LORIQUET.

C'est ça… vous de votre côté, moi du mien.

Le Baron sort.

MARTIAL, *sortant à moitié de sa cachette.*

Ai-je bien fait d'écouter!… Ah! pardieu! je sauverai mon major!

Il descend et sort rapidement par un des côtés du théâtre.
Loriquet frappe à l'auberge.

UNE VOIX, *de l'intérieur.*

Qui est là?

LORIQUET, *contrefaisant sa voix.*

Ouvrez, je vous en prie… Je viens chercher des secours… un homme qui se meurt…

LA VOIX.

Attendez, je vas prévenir le médecin… heureusement il est ici…

LORIQUET.

Dépêchez-vous… (*A part.*) A merveille, je tiens mon homme!

SCÈNE VIII.

LES MÊMES, FIRMIN, *puis* MARTIAL.

FIRMIN, *sortant de l'auberge avec des Femmes de l'intérieur qui l'éclairent.*

Un homme qui se meurt, dites-vous?

LORIQUET, *déguisant sa voix.*

Oui, mon bon monsieur… le père Blanchet, un ancien de la garde.

FIRMIN.

Où est-il?

LORIQUET.

Chez lui, la seconde maison sur la route d'Orléans, près du moulin qu'on voit d'ici quand il fait clair, un tout petit quart de lieue…

FIRMIN.

C'est bien, j'y vais.

LORIQUET, *à part.*

Et tu n'en reviendras pas!… (*Haut.*) Je vous précède, monsieur le docteur.

Il prend une lanterne des mains de la fille d'auberge, et sort.

FIRMIN.

Oui, oui! (*Aux Filles d'auberge.*) Si ces dames me demandent, dites que je suis ici dans un instant.

Il sort derrière Loriquet.

MARTIAL, *rentrant du côté opposé.*

Personne dans les environs qui puisse nous aider; dans cette auberge, rien que des femmes… (*Se tournant du côté par lequel sont sortis Firmin et Loriquet.*) Une lumière, deux hommes… mon major!… Loriquet!… Courons… la lumière disparaît… oh! n'importe, je les rejoindrai!

Il sort.

SCÈNE IX.

LE BARON, *puis* MARIE.

LE BARON, *paraissant au fond, à la cantonade.*

C'est bien, attention!… (*Il avance vers l'auberge, en regardant avec soin s'il n'est pas vu.*) Et maintenant, me voilà seul! (*Il se dirige vers l'escalier.*) A cette chambre!… Loriquet a raison, il n'y a plus à hésiter!… (*Il frappe légèrement.*) On a marché… (*Il refrappe.*) Ouvrez!… Elle va venir!

Il redescend et se met à l'écart.

MARIE, *ouvrant.*

Qui peut venir à cette heure?… Personne!

LE BARON.

Marie!

MARIE.

Qui m'appelle?… Est-ce vous, Firmin?

LE BARON.

Oui.

MARIE, *descendant.*

Que peut-il avoir à me dire? (*Elle regarde autour d'elle.*) Personne!… (*Elle se trouve en face du Baron.*) Vous!

Elle veut fuir, il la retient.

LE BARON.

Écoutez-moi!

MARIE.

Eh! qu'avez-vous à me dire?… Ne savez-vous pas que votre présence m'est odieuse?… ne savez-vous pas que j'ai juré de placer entre nous une éternelle barrière?… Retirez-vous, monsieur, ou craignez de voir pour ma défense se dresser devant vous le spectre de mon père!

LE BARON.

Plus bas!

MARIE.

Votre crime, ma mère et moi nous en avons abandonné le châtiment à Dieu… Nous avons renoncé à vous démasquer, à vous perdre… Cette fortune ramassée dans le sang, gardez la, monsieur… votre rang, votre position dans le monde, conservez-les, monsieur; nulle voix accusatrice ne s'élèvera, car nos amis ont compris que s'il y avait dans leur silence votre impunité, il y avait aussi l'honneur de notre nom…

LE BARON.

Et croyez-vous que je m'en remette follement à leur discrétion, à la vôtre?

MARIE.
Qu'exigez-vous donc encore?

LE BARON.
Le terrible écrit, resté aux mains de la marquise.

MARIE.
La preuve qui vous perdrait!... Oh! n'y comptez pas, monsieur; nous avons tout à craindre pour l'avenir, de votre haine, de votre colère... cette arme est la seule qui nous reste contre vous, nous n'en userons qu'au besoin, je vous le jure, mais elle ne nous quittera pas.

LE BARON.
Je l'aurai!

MARIE.
Jamais!

LE BARON.
Prenez garde, madame, si vous refusiez!

MARIE.
Un nouveau crime ne vous effrayerait pas, je le sais.

LE BARON.
Cet écrit, je le veux, madame... et je cours...

MARIE.
Ah! vous n'arriverez pas jusqu'à cette chambre... vous me tuerez plutôt, mais ma mère sera sauvée.

LE BARON.
Sauvée! pas encore. (*Appelant.*) A moi!

Les Brigands paraissent.

MARIE.
Grand Dieu!

LE BARON.
Entraînez cette femme.

MARIE.
Au secours!... ma mère!... au secours!

SCÈNE X.

LES MÊMES, BRIGANDS, ROBERT et MARTIAL.

ROBERT.
Que se passe-t-il donc?

MARTIAL.
Les bandits!

Il court à la cloche, qu'il agite.

ROBERT, *allant à Marie.*
Mamzelle Marie!... Oh! mille tonnerres!... Arrière, gredins!

MARIE et LE BARON.
Robert!

ROBERT.
Lambourdois! misérable, défends-toi, ou je te tue comme un chien!

MARTIAL, *agitant toujours la cloche.*
A moi, mes amis!

UN BRIGAND.
Au large!

Ils veulent fuir, le fond se garnit de monde. Entrée de la Marquise. Duel de Robert et du Baron, qui est frappé dans la coulisse. On arrête les Brigands.

SCÈNE XI.

LES MÊMES, LA MARQUISE.

MARTIAL.
Tenez-les bien, mes amis!

MARIE.
Fuyons, ma mère! notre ennemi, notre persécuteur!

ROBERT, *reparaissant en scène.*
Plus de danger, mamzelle Marie!

Il jette son sabre.

LA MARQUISE.
Quoi! ma fille...

ROBERT.
J'avais juré d'en faire une veuve.

SCÈNE XII.

LES MÊMES, ALFRED, FIRMIN, LORIQUET.

LORIQUET, *entrant, poursuivi par Alfred.*
Qu'est-ce que vous voulez donc faire de moi? je suis innocent!

TOUS, *en le voyant.*
Loriquet!

MARIE et LA MARQUISE.
Alfred!

ROBERT.
Firmin!

TOUS.
Le docteur!

ALFRED.
Oui, d'infâmes assassins s'étaient emparés de Firmin; il allait succomber, le ciel m'a envoyé à son secours... j'ai poursuivi les lâches, et dans un ravin j'ai trouvé celui-ci qui se cachait!

LORIQUET.
Moi! (*A part.*) Oh! les maladroits! ils se sont laissés pincer... (*Haut.*) Moi qui ne ferais pas de mal à un pigeon... Et vous arrêtez aussi ces braves gens-là, des voisins... Ce sont les vrais brigands qu'il faut accuser, les soldats vagabonds... ces brigands de la Loire! (*Voulant s'en aller.*) C'est une infamie, que je vous dis.

ROBERT, *l'arrêtant.*
Modérons-nous.

MARTIAL.
Regardez-moi donc, monsieur Télémaque.

LORIQUET.
Martial! (*A part.*) Je suis pris.

MARTIAL.
Les brigands sont des gens de ton espèce!

ROBERT.
Et ces soldats, ces prétendus brigands de la Loire, où sont-ils donc?

LORIQUET.
Dam! où ils sont...

ROBERT, *montrant les Paysans.*
Les voilà! regarde. (*Il ouvre sa veste; tous en font autant, et laissent voir des uniformes sous leurs blouses, qui cachent des croix, des galons ou des cocardes.*) Oui, voilà ceux qu'on a osé flétrir d'un nom infâmant, eux qui après avoir servi la France, ont travaillé pour la nourrir.

TOUS.
Vivent les anciens!

ALFRED, *à Marie.*
Eh bien, Marie, ce serment fait jadis sur les bords de la Loire!

MARIE, *lui tendant la main.*
Je le tiendrai.

ROBERT, *avec joie.*
Enfin! (*A Firmin et à Alfred.*) Mes amis!..... (*Ils se tiennent embrassés tous trois comme à la fin du premier acte.*) Comme il y a un an à cette même place, unis pour toujours!

FIRMIN.
Pour toujours, Robert!

ALFRED, *attirant à lui Marie.*
Pour toujours!

TOUS.
Vivent les anciens!

Paris. — Imprimerie de M*me* V*e* Dondey-Dupré,
rue Saint-Louis, 46.

Suite du treizième volume.	Suite du quatorzième volume.	Suite du quinzième volume.	Suite du seizième volume.
Amazampo, dr. 4 a. et 6 tab. 50	Marie, comédie en 3 a. par	Le Mari de la Dame de chœurs. 40	Les Sept Infans de Lara, d. 5 a.
La D. de la Vaubaillière, d. 5 a. 50	Mme Ancelot, 40	Valérie mariée, dr. 3 a. 40	par M. Malfille, 50
Le Luthier de Vienne, op.-c. 30	Pierre le Rouge, c.-v. 3 a. 40	Roquelaure, vaud. 4 a. 50	Michel, com.-vaud. 2 a. 40
Les Misères d'un Timballier. 30	L'Homéopathie, c.-v. 1 a. 30	Madame Favart, com. 3 a. 40	Paraviédés, dr. 3 a. 40
Le C. des Informations, v. 1 a. 30	Sir Hugues, com.-vaud. 2 a,	L'Ambassadrice, op.-c. 3 a.	Le Portefeuille ou 2 Familles,
Casanova, v. 3 a. 40	par M. Scribe, dr. 40	par M. Scribe. 40	drame en 5 a. 50

DIX-SEPTIÈME VOLUME.
Riquiqui, com.-vaud. 3 a. 40
Un Grand Orateur, c.-v. 1 a. 30
Trop Heureuse, c.-v. 1 a. 30
La Vieillesse d'un grand Roi, com. 5 a. 40
L'Étudiant et la Grande Dame, com.-vaud. 2 a. 40
La Comtesse du Tonneau, v. 2 a. 40
Le Paysan des Alpes, dr. 5 a. 50
Polly, com.-vaud. 3 a. 40
Le Bouquet de bal, c. 1 a. 30
La Vendéenne, c.-v. 2 a. 40
L'honneur de ma mère, d. 3 a. 40
Eulalie Granger, dr. 5 a. 50
Schubry, c.-v. 1 a. 30
Julie, com. 5 a. 40
L'Ange gardien, dr.-v. 3 a. 40
Miel et Vinaigre, c.-v. 1 a. 30
Paul et Pauline, c.-v. 2 a. 40
Femme et Maîtresse, c.-v. 1 a. 30

DIX-HUITIÈME VOLUME.
Jeanne de Naples, dr. 5 a. 50
Le Gars, dr. 5 a. 50
Un Chef-d'Œuvre inconnu, drame en prose. 40
Vouloir c'est pouvoir, c.-v. 2 a. 40
Mina, com.-vaud. 2 a. 40
Sans Nom, myst. 1 a. 30
Un Parent millionnaire, c. 2 a. 40
Le Père de l'Enfant, c.-v. 2 a. 40
Le 3me et le 4me, v. 1 a. 30
L'Agrafe, mél. 3 a. 40
Le Mari à la ville et la Femme à la campagne, c.-v. 2 a. 40
Une Fille de l'Air, f. 3 a. 40
Le Château de ma Nièce, c. 1 a. 30
La Fille d'un Militaire, c.-v. 1 a. 30
Le Tour de Faction, v. 1 a. 30
La double échelle, o.-c. 1 a. 30
Bruno le Fileur, 2 a. 40
Un Jour de Grandeur, dr. 3 a. 40

DIX-NEUVIÈME VOLUME.
Le Turlouroù, vaud. 5 a. 40
Le Bon Garçon, op.-c. 1 a. 30
Dgenguzz-Kan, pièce en 6 t. 40
L'Officier Bleu, dr. 3 a. 40
Portier je veux de tes cheveux, anecd. hist. 1 a. 30
Rita l'Espagnole, dr. 4 a. 50
Piquillo, op.-com. 3 a. 40
Le Café des Comédiens, v. 1 a. 30
Thomas Maurevert, dr. 5 a. 50
Pauvre Mère, dr. 5 a. 50
Spectacle à la Cour, c.-v. 2 a. 40
Suzanne, com.-vaud. 2 a. 40
Le Domino Noir, op.-c. 3 a. 50
Longue-Épée, dr. 5 a. 50
Maria Padilla, chronique espagnole en 3 a. 40
Roméo et Juliette, trag. 5 a. 50
La Folie Beaujon, par MM. Dupeuty et Rochefort. 30

VINGTIÈME VOLUME.
Caligula, trag. 5 a. avec un prologue, par A. Dumas. 50
Marquise de Senneterre, c. 3 a. 40
L'Île de la Folie, f. 1 a. 30
La Dame de la Halle, v. 2 a. 40
Les Saltimbanques, par 3 a. 40
À Trente Ans, v. 3 a. 40
L'Élève de St-Cyr, dr. 5 a. 50
Marcel, dr. 1 a. 30
La Maîtresse de Langues, 1 a. 30
Le Cabaret de Lustucru, 1 a. 30
L'Interdiction, dr. 2 a. 40
La Pauvre Fille, mél. 5 a. 50
Isabelle, com. 3 a. 40
Le Mariage d'Orgueil, c.-v. 2 a. 40
La Petite Maison, c.-v. 1 a. 30
La Demoiselle Majeure, v. 1 a. 30
M. et Mme Pinchon, c.-v. 1 a. 30
Mlle Dangeville, c.-v. 1 a. 30

VINGT-UNIÈME VOLUME.
Arthur, c.-v. 2 a. 40
Les Suites d'une Faute, d. 5 a. 50
Les Enfans du Délire, v. 1 a. 30
Matéo, c. 5 a. 50
Le Mariage en Capuchon, 2 a. 40
À Bas les Hommes! v. 1 a. 40
Bourse de Pézenas, v. 1 a. 30
Lord Surrey, dr. 3 a. 40
Duchesse, c.-v. 2 a. 40
Simon Terre-Neuve, c.-v. 1 a. 30
Gaspard Hauser, dr. 4 a. 50
Les deux Pigeons, c.-v. 1 a. 30
Mathias l'Invalide, c.-v. 2 a. 40
Impressions de Voyages, v. 2 a. 40
Geneviève de Brabant, mél. 4 a. 40
Rafaël, dr.-com. 3 a. 40
Faute de s'entendre, com. 1 a. 30

VINGT-DEUXIÈME VOLUME.
La Femme au salon, c.-v. 2 a. 40
Juana, c.-v. 2 a. 40
Les droits de la Femme, c. 1 a. 30
Moustache, c.-v. 3 a. 40
La Pièce de 24 Sous, c.-v. 1 a. 30
M. de Coyllin, c.-v. 1 a. 30
La Fille de l'Air dans son Ménage, vaud.-féerie 1 a. 30
L'Orphelin du Parvis, c.-v. 2 a. 40
Philippe III, trag. en 5 a. 50
La Croix de Feu, mél. 3 a. 40
Plock le Pêcheur, v. 1 a. 30
Léonce, c.-v. 3 a. 40
Les Trois Dimanches, c.-v. 1 a. 30
L'Escroc du Grand Monde, 3 a. 40
Les Chiens du St-Bernard, 5 a. 50
La Figurante, op.-c. 5 a. 50
La Comtesse de Chamilly, 4 a. 40
La Reine des Blanchisseuses 2 a. 40

VINGT-TROISIÈME VOLUME.
Le Sonneur de St-Paul, d. 5 a. 50
Mademoiselle, c.-v. 2 a. 40
La Dame d'Honneur, o.-c. 1 a. 30
Maria Padilla, tragédie 5 a. 50
Paul Jones, d. 5 a. A. Dumas. 50
Le Brasseur de Preston, o.-c. 3 a. 40
Françoise de Rimini, tr. 3 a. 40
Lady Melvil, c.-v. 3 a. 40
Tronquette, c.-v. 1 a. 30
Le Discours de Rentrée, v. 1 a. 30
Pierre d'Arezzo, dr. 3 a. 40
Les Coulisses, v. 2 a. 40
Les Parens de la Fille, c. 1 a. 30
La Levée de 300,000 hommes. 30
Rothomago, revue 1 a. 30
Le Marquis en Gage, c.-v. 1 a. 30
Le Puff, rev. en 3 tabl. 40
Claude Sicq, dr. 5 a. 50
Jeanne Hachette, dr. 5 a. 50

VINGT-QUATRIÈME VOLUME.
Lekain, v. 2 a. 40
Reine de France, v. 1 a. 30
Diane de Chivry, dr. 5 a. par M. Frédéric Soulié. 50
Les trois Bals, v. 3 a. 40
Le Manoir de Montlouvier, dr. 5 actes. 50
Dieu vous bénisse, v. 1 a. 30
Maurice, c.-v. 2 a. 40
Bathilde, dr. 3 a. 40
Pascal et Chambord, c.-v. 2 a. 40
Maria, c.-v. 2 a. 40
La Bergère d'Ivry, dr. 5 a. 50
Mlle de Belle-Isle, c. 5 a. 50
par M. Alexandre Dumas. 50
Marie Rémond, dr.-v. 3 a. 40
Simplette, v. 1 a. 30
Le Dépositaire, c.-v. 2 a. 40
Le Plastron, v. 2 a. 40

VINGT-CINQUIÈME VOLUME.
L'Alchimiste, d. 5 a. 50
Naufrage de la Méduse, 5 a. 50
Balochard, c.-v. 3 a. 40
La Maîtresse et la Fiancée, 2 a. 40
Les Mancini, c.-v. en 3 a. 40
Deux jeunes femmes, d. 5 a. 50
Marguerite d'York, mél. 4 a. 40
Rigobert, mél. 4 a. 40
Gabrielle, c.-v. en 2 a. 40
La jeunesse de Gœthe, v. 1 a. 30
Émile, v. en 1 a. 30
Il faut que jeunesse se passe, 30
Un Vaudevilliste, 1 a. 30
Le Fils de la Folle, d. 5 a. 50
Le Marché de St-Pierre, dr. en 5 a. 50
Les Belles femmes de Paris, c.-v. en 2 a. 40
Amandine, c.-v. en 2 a. 40

VINGT-SIXIÈME VOLUME.
Il était temps! v. 1 a. 30
L'article 960, v. 1 a. 30
L'Ange dans le monde, c. 3 a. 40
L'Art de ne pas monter sa gar. 30
Christine, 5 a. par F. Soulié. 50
Les Chevaux du Carrousel, 5 a. 50
Laurent de Médicis, dr. 5 a. 40
Les 3 Bégus-Frères, v. 1 a. 40
La Jacquerie, op. 4 a. 40
Revue et Corrigée, c.-v. 1 a. 30
Le Loup de Mer, d. 3 a. 40
L'Ombre d'un Amant, v. 1 a. 30
Christophe le Suédois, d. 5 a. 40
Le Proscrit, d. 5 a. 40
Les Travestissemens op.-c. 1 a. 30
Le Massacre des Innocens, 4 a. 50
Thomas l'Égyptien, v. 1 a. 30
Clémence, c.-v. 2 a. 40
La belle Bourbonnaise, v. 2 a. 40

VINGT-SEPTIÈME VOLUME.
Le Château de Saint-Germain, dr. 5 a. 50
Les Bamboches de l'Année, r. 30
Le Commissaire extraordinaire, v. 1 a. 30
Deux Couronnes, c. 1 a. 30
Les Enfans de troupe, c.-v. 2 a. 40
L'Ouvrier, d. 5 a. 50
Le Tremblement de terre de la Martinique, d. a. 40
La Famille du Fumiste, c. 2 a. 40
Les Intimes, 1 a. 30
La Lionne, c.-v. 2 a. 40
La Madone, d. 4 a. 40
Jean le Pingre, v. 1 a. 30
Les Prussiens en Lorraine, dr. 4 a. 40
Roland Furieux, f.-v. 1 a. 30
Un Secret, d.-v. 3 a. 40

L'Abbye de Castro d. 5 a. 50
La nouvelle Geneviève, v. 1 a. 30
La Famille de Lusigny, d. 3 a. 40

VINGT-HUITIÈME VOLUME.
Vautrin, d. 5 a. 50
L'Ouragan, d.-v. 2 a. 40
L'Habit-Noisette, v. 1 a. 30
Aubray le Médecin, d. 3 a. 40
Les Honneurs et les Mœurs, c.-v. d. par Mme Ancelot. 40
Les Dîners à 32 sous, v. 1 a. 30
Atrée et Cadette, c.-v. 2 a. 40
Le Fils du Bravo, v. 1 a. 30
Bonaventure, c.-v. 6 a. et 4 t. 40
L'Éclat de Rire, d. 3 a. 40
Coborico, v. 1 a. 30
Les Souvenirs de la Marquise de V***, c.-v. 3 a. 30
La Jolie Fille du faubourg, c.-v. 2 a. 40

Suite du 28me volume.	Suite du 29me.	Suite du 30me volume.	Suite du 31me volume.
Le Fin Mot, v. 1 a. 30	Un Roman intime, c. 1 a. 30	L'École des jeunes filles, d. 5 a. 50	Caliste, com.-vaud. en 1 a. 40
Le Château de Vernouil, d. 5 a. 50	Lazare le Pâtre, dr. 5 a. 50	La Protectrice, c. 1 a. 30	L'Aveugle et son Bâton, c.-v. 1 a. 40
Monsieur Daube, c.-v. 1 a. 30	L'École des Journalistes, c. 5 a. 50	Manche à Manche, c.-v. 1 a. 30	Paul et Virginie, dr. 5 a. 50
La Maréchale d'Ancre, d. 5 a. 50	Gigily, com.-vaud. 2 a. 40	Un Mariage sous Louis XV, com. 5 a. par A. Dumas. 50	Les Enfans Blancs, dr. 5 a. 50
Les Pages et les Poissardes, c.-v. 2 a. 40	Newgate, dr. 4 a. 40	Fabio le Novice, dr. 5 a. 50	Le Voisin, mél. 5 a. 50
	L'Hospitalité, vaud. 1 a. 30		

VINGT-NEUVIÈME VOLUME.
Bocquet Père et Fils, c.-v. 2 a. 40
Le Mari de ma Fille, c.-v. 2 a. 30
La Chouette et la Colombe, féerie en 3 actes. 40
Quitte ou Double, c.-v. 2 a. 40
L'Argent, la Gloire et les Femmes, v. 1 a. et 5 t. 50
Marguerite, dr. 3 a. 40
Paula, dr. 5 a. 50
Mon ami Cléobul, v. 1 a. 30
Édith, dr. 4 a. 50

TRENTIÈME VOLUME.
Le Guitarrero, op.-c. 3 a. 50
La Fête des Fous, dr. 5 a. 50
La Favorite, op. 4 a. 50
Le Neveu du Mercier, dr.-v. 3 a. 50
Le Perruquier, dr. 5 a. 50
Zacharie, dr. 5 a. 50
Le Tyran de Café, c.-v. 1 a. 30
Tiridate, c.-v. 1 a. 30
La Bouquetière, dr.-v. 3 a. 50
Jacques Cœur, dr. 5 a. 50

TRENTE-UNIÈME VOLUME.
Une Vocation, com.-v. 2 a. 40
La Sœur de Jocrisse, v. 1 a. 40
Van-Bruck, com.-v. 2 a. 40
Le Marchand d'habits, dr. 5 a. 50
Mon ami Pierrot, c.-v. 1 a. 40
La Lescombat, dr. 5 a. 50
Zara, dr. 4 a. 50
Langeli, com.-v. 1 a. 30
Murat, pièce en 3 a., 14 tab. 50
Trois œufs dans un panier, 1 a. 30
Mathieu Luc, dr. 5 en vers. 50

TRENTE-DEUXIÈME VOLUME.
Ivan de Russie, tragédie. 50
Le Dérivatif, vaudeville. 40
Un Bas bleu, vaudeville. 40
Les Filets de Saint-Cloud. 50
Lorenzino, drame en 5 actes, par Alexandre Dumas. 50
La Plaine de Grenelle, d. 5 a. 50
La Dot de Suzette, d. 5 a. 50
Amour et Amourette, v. 5. a. 50
Paris le Bohémien, d. 5 a. 50
Les Brigands de la Loire, d. 50

GALERIE DES ARTISTES DRAMATIQUES.

Contenant 80 portraits en pied des principaux Artistes de Paris, dessinés d'après nature par ALEXANDRE LACAUCHIE, accompagnés d'autant de notices biographiques et littéraires.

PRIX DES DEUX VOLUMES BROCHÉS : 40 FR. — *Ouvrage entièrement terminé.*

TOME PREMIER.

	Acteurs.	Auteurs.
1er.	Mlle Rachel	J. Janin.
2e.	M. Perrot	E. Briffault.
3e.	M. Deburau	E. Briffault.
4e.	M. Mélingue	J. Bouchardy.
5e.	Mlle Fanny Elssler	E. Briffault.
6e.	Mlle Plessy	H. Rolle.
7e.	M. Duprez	E. Briffault.
8e.	Mme Mélingue (Théodorine)	J. Bouchardy.
9e.	M. Achard	E. Guinot.
10e.	Mlle Doze	E. Briffault.
11e.	M. Odry	H. Lucas.
12e.	Mlle Fargueil	H. Lucas.
13e.	M. Francisque aîné	J. Bouchardy.
14e.	M. Lepeintre jeune	H. Rolle.
15e.	Mlle Taglioni	J. T. Merle.
16e.	Mlle Dupont	E. Arago.
17e.	M. Boutin	L. Couailhac.
18e.	M. Levasseur	G. Bénédit.
19e.	Mlle Flore	Du Mersan.
20e.	Mlle Georges	H. Lucas.
21e.	M. Joanny	H. Lucas.
22e.	M. Albert	L. Couailhac.
23e.	Mlle Jenny Vertpré	H. Lucas.
24e.	M. Monrose	J. T. Merle.
25e.	M. Bocage	M. Maleffille.
26e.	Mlle Pauline Leroux	E. Arago.
27e.	M. Firmin	H. Lucas.
28e.	M. Rubini	J. Chaudes-Aigues.
29e.	M. Saint-Ernest	J. Bouchardy.
30e.	Mlle Mars	E. Briffault.
31e.	Mlle Persiani	J. Chaudes-Aigues.
32e.	M. Menjaud	H. Lucas.
33e.	Mlle Prévost	L. Couailhac.
34e.	Mme Eugénie Sauvage	J. T. Merle.
35e.	Mme Damoreau	C. Bénédit.
36e.	M. Lafont	J. T. Merle.
37e.	M. Bardou	H. Lucas.
38e.	Beauvallet	A. Arnould.
39e.	M. Alcide-Tousez	J. T. Merle.
40e.	Mme Volnys	H. Rolle.

TOME SECOND.

	Acteurs.	Auteurs.
41e.	M. Ferville	J. T. Merle.
42e.	M. Volnys	H. Rolle.
43e.	Mme Guillemin	Mr Aycard.
44e.	Mme Gauthier	A. Arnould.
45e.	M. Lablache	Couailhac.
46e.	M. Arnal	Eugène Briffault.
47e.	Mlle Giulia Grisi	Couailhac.
48e.	M. Tamburini	Chaudes-Aigues.
49e.	Mlle Clarisse	E. Lemoine.
50e.	M. Klein	Marie Aycard.
51e.	M. Chilly	A. Arnould.
52e.	Mme Stolz	H. Lucas.
53e.	M. Moëssard	A. Arnould.
54e.	Mme Anna Thillon	H. Rolle.
55e.	M. Brunel	Du Mersan.
56e.	Mme Albert	H. Lucas.
57e.	M. Provost	E. Arago.
58e.	M. Brohan	J. T. Merle.
59e.	M. Chollet	Couailhac.
60e.	M. Roger	Couailhac.
61e.	Mlle Anaïs	J. T. Merle.
62e.	M. Vernet	H. Rolle.
63e.	Mlle Carlotta Grisi	Th. Gauthier.
64e.	Mme Desmousseaux	Couailhac.
65e.	M. Mario	P. A. Fiorentino.
66e.	Mme Dorval	H. Rolle.
67e.	Mme Dorus Gras	E. Arago.
68e.	M. Régnier	Aug. Arnould.
69e.	Mme Mante	E. Arago.
70e.	Mlle Julienne	H. Rolle.
71e.	M. Lepeintre aîné	E. Guinot.
72e.	Mlle Déjazet	E. Guinot.
73e.	M. Numa	H. Rolle.
74e.	M. Baillon	A. Arnould.
75e.	M. Sainville	L. Couailhac.
76e.	M. Ligier	H. Rolle.
77e.	Mme Jenny Colon Leplus	E. Arago.
78e.	M. Raucourt	Bouchardy.
79e.	M. Bouffé	E. Briffault.
80e.	M. Frédéric Lemaître	

AVIS ESSENTIEL. — Nous prévenons les personnes qui n'ont pas toutes les livraisons de la GALERIE DES ARTISTES qu'elles ne pourront les compléter que jusqu'au 1er septembre 1842. Nous avons fait tirer un très-petit nombre d'exemplaires avant la lettre (épreuves de choix). Prix des deux volumes, quatre-vingts portraits et notices, 60 fr. — On peut les retenir à l'avance au Magasin Théâtral seulement.

OEUVRES DRAMATIQUES DE SCHILLER,

TRADUCTION DE M. DE BARANTE, Pair de France, Membre de l'Académie française.

PRÉCÉDÉES D'UNE NOTICE BIOGRAPHIQUE ET LITTÉRAIRE SUR SCHILLER.

Un superbe volume in-8° à deux colonnes, illustré de 24 vignettes sur acier, gravées exprès pour cette publication.

PRIX DU VOLUME : 12 FRANCS.

www.ingramcontent.com/pod-product-compliance
Lightning Source LLC
Chambersburg PA
CBHW060523050426
42451CB00009B/1130